EINKOCHEN AN-STATT EINKAUFEN

Durch Selbstversorgung die Umwelt schützen, Geld sparen und gesund leben. - Die 150 besten Alternativen zu den beliebtesten Fertigprodukten!

SMART NATURAL KITCHEN

Inhaltsverzeichnis

Der Gesundheit zuliebe sollten die Fertigprodukte im Supermarkt bleiben

Wer selbst kocht lebt gesünder. Diesen Satz kennen die meisten Menschen, doch dies ist nicht zwangsläufig richtig, wenn einmal überlegt wird, wie viele Fertigprodukte auch beim Kochen verwendet werden. Denn da bekommt der Begriff frisch kochen oft einen schalen Beigeschmack. Denn ein Blick in den Kühlschrank und Vorratsschrank zeigt oft, dass sich dort viele Produkte, die eigentlich selbst gemacht werden könnten, jedoch aufgrund von vermeintlichen Zeitersparnissen oder manchmal auch Unwissen als Fertigprodukt gewählt werden. Ein Blick auf die Zutaten, die enthalten sind, zeigt meistens nicht nur natürliche Produkte, sondern vor allem Konservierungsstoffe, Geschmacksverstärker oder Farbstoffe, sowie weitere Zusätze, von denen man vielleicht gar nicht weiß, worum es sich handelt. Das all dies nicht gut für die Gesundheit ist, sollte klar sein, doch natürlich möchte man auch nicht auf die vielen leckeren Lebensmittel verzichten, die zum Teil schädliche Zusatzstoffe enthalten.

Das muss auch nicht sein, denn anstatt komplett auf diese Lebensmittel zu verzichten, können diese einfach selbst gekocht werden. Saucen, Marmeladen, Brotaufstriche oder Würzmischungen, es kann alles selbst hergestellt werden. Dabei sind diese Lebensmittel oft nicht weniger lange haltbar, sodass es sich wirklich lohnt fertige Produkte im Supermarkt zu lassen und stattdessen selbst tätig zu werden und diese Produkte herzustellen. Denn ob Ketchup oder Salatkräuter, alles kann selbst gemacht werden und wird so nicht nur zu einem leckeren Produkt, sondern ist auch deutlich gesünder. Gleiches gilt zum Beispiel auch für Marmeladen, denn ein leckerer, fruchtiger Brotaufstrich gehört für viele einfach dazu, doch auch hier zeigt der Blick auf die Inhaltsstoffe oft viele Dinge, die darin eigentlich nichts zu suchen haben und zusätzlich oft auch viel mehr Zucker als wirklich zur Anwendung kommen müsste. Deswegen lohnt es sich auch hier selbst tätigt zu werden und sich zum Beispiel einen Nachmittag Zeit zu nehmen, um verschiedene Sorten Marmelade zu kochen, die dann in Einmachgläsern lange haltbar sind.

Wer einen Garten hat, muss die Früchte dafür noch nicht einmal mehr vom Markt oder aus dem Supermarkt kaufen, denn Kirschen, Erdbeeren, Himbeeren oder Aprikosen lassen ohne großen Aufwand im eigenen Garten pflanzen, sodass sichergegangen werden kann, dass das Obst unbehandelt ist, was ebenfalls der Gesundheit zugute kommt. Selbst wer keinen Garten hat, kann viele

Früchte auf dem Balkon ziehen, sodass auch dies eine gesunde Alternative zum Kauf im Supermarkt darstellt. Dabei muss man auch nicht unbedingt ein begabter Koch sein, denn die meisten Rezepte sind so einfach, dass sie auch von Anfänger ohne Schwierigkeiten umgesetzt werden können. Als Ansporn kann dabei nicht nur der Wunsch etwas Leckeres zu produzieren dienen, sondern ebenso die Gewissheit, dass alle Produkte, die selbst gekocht und hergestellt wurden deutlich gesünder sind als die fertigen Produkte, die im Supermarkt erworben werden können. Egal ob auf die Zucker oder Salzmenge, die zu sich genommen wird geachtet werden muss, selbstgemachte Alternativen zu den im Supermarkt erhältlichen Fertigprodukten sind immer gesünder, da hier die Mengen an Zucker und Salz selbst bestimmt und auch auf die Bedürfnisse bestimmter Ernährungsweisen angepasst werden können.

Die Inhaltsstoffe vieler Fertiglebensmittel können Krankheiten auslösen oder verschlimmern

Gerade Menschen, die schon an Erkrankungen wie Bluthochdruck, Cholesterin oder Diabetes leiden müssen bei Inhaltsstoffen wie Fett, Salz und Zucker in Speisen vorsichtig sein. Diese sind jedoch gerade in vielen Fertiglebensmitteln in hohen Mengen enthalten, sodass ein regelmäßiger Verzehr zu einer Verschlechterung des Krankheitsbildes führen kann. Ebenso gibt es viele Menschen, die unter bestimmten Lebensmittelunverträglichkeiten oder sehr ernsten Allergien leiden, die durch Lebensmittel ausgelöst werden können. Wer zum Beispiel gegen Nüsse allergisch ist, wird oft sehen, dass auch Fertiglebensmittel, in denen eigentlich keine Nüsse enthalten sind, dennoch Spuren von Nüssen enthalten können. Grund dafür ist, dass in den Fabriken, in denen die Lebensmittel hergestellt werden sehr viele verschiedene Produkte gefertigt werden, sodass nie ausgeschlossen werden kann, dass nicht doch Nüsse oder andere Lebensmittel, welche allergische Reaktionen auslösen mit anderen Produkten in Kontakt kommen. Gerade in solchen Fällen ist es deutlich leichter, wenn auf fertige Produkte verzichtet wird und stattdessen selbst gekocht wird. Denn so kann von vornherein ausgeschlossen werden, dass etwas enthalten ist, dass nicht vertragen wird. Ebenso können Menschen, die ihre Lebensmittel selbst herstellen darauf achten, dass nicht zu viel Salz oder Öl genutzt wird und wer auf die Menge an Zucker, die er zu sich nimmt achten muss oder möchte, der kann den Zucker in vielen Rezepten komplett durch einen natürlichen Ersatz wie Stevia oder Agaven Dicksaft austauschen. So können wieder viele Lebensmittel konsumiert werden, auf die beim Einkauf im Supermarkt verzichtet werden muss und Menschen mit chronischen Erkrankungen werden zusätzlich merken, dass sich in vielen Fällen eine Besserung der Symptome einstellt beziehungsweise am Blutbild zu erkennen ist.

Mit dem Verzicht auf fertige Lebensmittel den Kindern einen guten Start ins Leben ermöglichen

Gerade bei Kindern ist es wichtig, diesen nicht nur die Vorteile einer gesunden Ernährung zu erklären, sondern diese auch vorzuleben. Denn es ist in vielen Studien erwiesen worden, dass Kinder, die von Anfang ohne Fertignahrungsmittel und Fast Food ernährt wurden auch im Erwachsenenalter deutlich weniger dazu neigen plötzlich Fertiglebensmittel und Fast Food zu konsumieren. Ebenso leiden diese Kinder weniger selten an Übergewicht und sind in der Schule leistungsfähiger, das frisch gekochte Mahlzeiten und Snacks ein besserer Energielieferant sind als Fertiglebensmittel. Daher sollten Eltern nicht nur der eigenen Gesundheit zur Liebe, sondern auch der ihrer Kinder auf Fertigprodukte verzichten und alles frisch zubereiten. Dabei können die Kinder auch schon von Kindergartenalter an eingebunden werden und mit zunächst kleinen Aufgaben beim Kochen helfen. Dies sorgt dafür, dass die Kinder selbstständiger werden und später auch in der Lage sind sich schnell und einfach eine Mahlzeit zuzubereiten oder Vorräte anzulegen. Da die Kinder bei einer solchen Ernährung weder auf Süßes, noch auf Dinge wie Pommes oder Hamburger verzichten müssen, gibt es auch keine Quengeleien, wenn man mit ihnen in den Supermarkt geht oder an einem Fast Food Restaurant vorbeikommt, denn was zu Hause zubereitet wird, ist in der Regel deutlich nahrhafter und schmeckt auch besser, so dass erst gar keine Lust dazu aufkommt etwas anderes zu probieren.

Der eigene Garten oder Balkon kann zum eigenen Woch-enmarkt werden

Da beim Verzicht auf Fertiglebensmittel sehr viel mit frischem Obst, Gemüse und Kräutern gearbeitet wird, können sich hier alle die einen Garten oder Balkon haben diesen Umstand zu nutze machen. Denn im Garten kann viel Obst und Gemüse selbst gepflanzt und ein Kräutergarten angelegt werden, sodass man sich für alle Rezepte aus dem eigenen Anbau bedienen kann. Wer einen Balkon hat, kann dort, im kleineren Rahmen, ebenfalls verschiedene Obst und Gemüsesorten züchten, sodass der Anteil, der im Supermarkt oder auf dem Wochenmarkt gekauft werden muss deutlich kleiner ausfällt. Das ist nicht nur gesünder, da man sicher gehen kann, dass kein gespritztes oder genmanipuliertes Obst und Gemüse auf den Tisch kommt, sondern spart auch Geld, was natürlich immer ein positiver Nebeneffekt ist.

Wer weder Garten noch Balkon hat, der sollte sich einmal umhören, ob in seiner Gegend Flächen für das Urban Gardening angeboten werden. Dabei stellt die Stadt öffentliche Flächen zur Verfügung, an denen interessierte Personen Obst und Gemüse anbauen können. Oft werden dafür Hochbeete aufgestellt oder es handelt sich um frei zugängliche Grünflächen, die genutzt werden können. Da dies inzwischen in fast allen größeren Städten angeboten werden, ist dies eine gute Alternative für Menschen ohne Garten und Balkon dennoch eigenes Obst und Gemüse anzubauen und auf Fertiglebensmittel zu verzichten. Wird dies nicht angeboten, so kann auch der Vermieter angesprochen werden, denn viele Vermieter haben nichts dagegen, wenn auf dem Grundstück Hochbeete aufgestellt werden, um dort Obst, Gemüse und Kräuter anzubauen. Dabei sollten jedoch, wenn die Hochbeete in den Garten den Gemeinschaftsgarten sollen auch die Nachbarn angesprochen werden, sodass es zu keinem Stress zwischen den Mietparteien in einem Wohnhaus kommen kann.

Des Weiteren lohnt es sich, wenn man auch in seiner Umgebung immer die Augen offen hält, denn gerade an Waldrändern und in der Nähe von Flüssen und Seen wachsen viele Kräuter, die man ernten und zum Kochen verwenden kann. Dabei sollten Anfänger jedoch immer genau auf die entsprechenden Beschreibungen der einzelnen Kräuter achten und im Zweifel jemanden fragen, der sich damit auskennt, damit es zu keinen Verwechslungen kommt. Gleiches gilt auch für alle, die zum Beispiel Pilze im Wald sammeln wollen. Bei diesem Vorhaben sollte zu dem auch immer erst gefragt werden, ob das Pilze sammeln im örtlichen Wald gestattet ist und in welchen Mengen dies erlaubt ist, denn dafür gibt es in viele Gemeinden bestimmte Vorgaben. Dennoch lohnt es sich oft in die Natur zu gehen und Kräuter oder wilde Beeren zusammen, da so ohne Kosten oft sehr viel gefunden werden kann. In jedem Fall zeigt dies, dass es immer möglich ist frische Lebensmittel zu bekommen, die nicht aus dem Handel stammen und eventuell mit chemischen Stoffen behandelt wurden, um so länger haltbar zu sein oder nachzureifen und auch um genmanipulierte Lebensmittel, muss man sich auf diese Weise keine Sorgen mehr machen. Denn ob selbst angebaut oder wild gewachsen, es ist alles natürlich gewachsen und so besonders für den Verzehr und die Verarbeitung zu natürlichen Lebensmitteln geeignet.

Wer zum Selbstversorger wird, kann Teil einer Community werden

Wer sich einmal in Internetforen oder auf Webseiten, die sich mit diesem Thema beschäftigen umsieht, der wird merken, dass es immer mehr Menschen gibt, die auf fertige Lebensmittel verzichten und stattdessen alles selbst zubereiten. Dabei wird auch oft vom Clean Cooking, also dem sauberen Kochen, ohne fertige Produkte, gesprochen. Da hierbei gerade dann, wenn man einen eigenen Garten hat und diesen zum Anbau von Lebensmitteln nutzt, oft mehr geerntet wird als verbraucht werden kann, gibt es inzwischen Foren, in denen sich Menschen aus der gleichen Stadt oder Region treffen, um nicht nur Rezepte auszutauschen, sondern auch Lebensmittel. So kann jemand, der gerne backt und dabei seine eigenen Backmischungen herstellt zum Beispiel diese mit einer anderen Person gegen eingemachtes Kompott austauschen oder andere Lebensmittel anbieten. Oft finden sich hier auch Menschen, die sogar Hühner als Nutztiere halten, sodass auch Eier oder Hühnerfleisch ganz frisch getauscht werden kann. Dies erspart oft nicht nur viel Zeit beim Kochen, sondern zusätzlich auch Geld, da getauscht wird und nichts gekauft werden muss. Ebenso ist diese Form der Selbstversorgung schonend im Bezug auf die Umwelt und Ressourcen, denn so werden keine Lebensmittel weggeworfen und alles was hergestellt wurde, wird am Ende auch zu 100 Prozent verbraucht. Gibt es also Rezepte, die einem partout nicht gelingen wollen oder hat man gerade ein bisschen wenig Zeit, um zum Beispiel selbst etwas einzukochen, so lohnt es sich nach diesen Foren Ausschau zu halten, sodass einfach getauscht werden kann. Natürlich sollten dabei immer Allergien und Unverträglichkeiten mitgeteilt werden, sodass derjenige, der auch an dem Tausch teilnimmt, gleich sagen kann, ob eventuell etwas enthalten ist, dass eine allergische Reaktion auslösen könnte. In jedem Fall ist dies jedoch immer eine gute Möglichkeit, um nicht nur frische Lebensmittel für den eigenen Bedarf zu bekommen, sondern ebenso, um sich mit anderen Menschen, die ebenfalls keine fertigen Lebensmittel nutzen auszutauschen. Denn gerade von Menschen, die sich schon lange auf diese Weise ernähren, kann man oft viele wertvolle Tipps erhalten oder neue Rezepte kennenlernen, welche man so vielleicht ansonsten nie gefunden hätte.

Wer auf Fertiglebensmittel verzichtet schont die Umwelt

Ein weiterer wichtiger Punkt, der sich ergibt, wenn man damit aufhört fertige Lebensmittel zu nutzen, die aus dem Supermarkt kommen ist, dass man deutlich weniger Verpackungsmüll produziert. Doch die meisten Fertiglebensmittel sind in Plastik verpackt und oft noch zusätzlich darin eingeschweißt, sodass alleine durch die Nutzung dieser Lebensmittel sehr viel Verpackungsmüll entsteht, der nur schwer wieder recycelt werden kann und auch nicht auf biologische Art und Weise abgebaut wird, was sich zum Beispiel zeigt, wenn man einmal im Internet recherchiert wie viel Plastik in den Meeren dieser Welt schwimmt und welche Schäden dies für die Umwelt und die Tiere im Meer verursacht. Daher macht es auch aus ökologischer Sicht sehr viel Sinn nicht auf Fertiglebensmittel zu setzen, sondern alles frisch zu kochen. Dabei gibt es viele Dinge, wie Ketchup oder Kräutermischungen, dass in großen Mengen hergestellt und anschließend in Dosen bzw. Glasflaschen aufbewahrt werden können. Denn auch selbst gekochte Lebensmittel wie Saucen und Marmelade oder Kompott können sich in den richtigen Behältnissen und mit ein wenig Kühlung über

Monate hinweg halten, sodass es sich lohnt hier einfach einen Tag zu nehmen, an dem alles was lange haltbar ist gekocht und vorbereitet wird, sodass der tägliche Aufwand beim Kochen trotzdem gering gehalten werden kann.

Ein weiterer wichtiger Punkt, für alle, die die Umwelt schonen möchten ist auch die Nutzung von regionalen und saisonalen Produkten. Denn diese müssen nicht auf dem Transport für längere Zeiträume gekühlt oder gar eingeflogen werden, sodass es immer vorzuziehen ist Obst und Gemüse zu kaufen, dass gerade Saison hat. Wer einen Bauernhof in der Nähe hat, kann sich auch erkundigen, ob es einen Hofladen gibt oder die Möglichkeit gegen einen festen Preis für seinen eigenen Bedarf Obst und Gemüse zu ernten. Denn viele Landwirte bieten dies an, sodass sich hier eine Möglichkeit ergibt, alles was zum Kochen benötigt wird dort zu beziehen und dann zum Beispiel je nach Saison bestimmte Dinge zu kochen. So ist der Vorratsschrank immer gefüllt und viele kleine Wege mit dem Auto zum Supermarkt können ebenfalls eingespart werden, sodass nicht nur das Benzingeld gespart wird, sondern ebenso die Umwelt nicht belastet wird, da das Auto stehen bleibt. Aus diesem Grund lohnt es sich auch dann, wenn man die Umwelt schonen möchte auf alle fertigen Lebensmittel, die in Plastik verpackt sind zu verzichten und nach umweltbewussteren Alternativen zu suchen, denn diese gibt es in Hülle und Fülle, wenn man nur weiß, wo man danach suchen muss.

Wer auf Fertiglebensmittel verzichtet kann langfristig viel Geld sparen

Diese Preise für Lebensmittel steigen regelmäßig an und gerade fertige Produkte sind oft sehr teuer, wenn man einmal hochrechnet, wie davon tatsächlich pro Woche benötigt wird. Guck man sich dagegen die Preise für Obst, Gemüse oder auch Fleisch und Fisch an, das noch nicht weiterverarbeitet wurde, so bleiben die Preise dafür immer relativ gleich. Daher rechnet es sich, wenn man die fertigen Lebensmittel im Supermarkt lässt und stattdessen auf frische Produkte setzt, welche dann zu den gewünschten Lebensmitteln verarbeitet werden. Selbst wenn die Rechnung an der Kasse im ersten Moment etwas höher erscheint, wird man schnell merken, dass es dennoch günstiger ist selbst zu kochen, da die Menge, die man am Ende erhält deutlich höher ist. Ebenso kann Gemüse, welches gerade Saison hat auch eingefroren und später verarbeitet werden, denn die Ersparnis ist gerade bei dem Obst und Gemüse, dass gerade Saison hat oft besonders groß.

Was Fleisch betrifft, so sollte man ohne hin nur auf einen geringen Verzehr setzen und dieses direkt beim Bauern oder in der Bio Metzgerei beziehen. Dort gibt es übrigens auch die Möglichkeit ein bis zwei Mal pro Jahr eine größere Menge an verschiedenen Fleischsorten zu bestellen, sodass sich ein Sonderpreis ergibt und alles zu Hause eingefroren oder verarbeitet werden kann. In jedem Fall wird man recht schnell merken, dass der Verzicht auf fertige Lebensmittel auch eine Erleichterung für den Geldbeutel bedeutet, sodass dieses Geld in vielleicht schon lange gehegte Träume oder dringende Anschaffungen investiert werden kann. Zusätzlich sparen Menschen, die viel frisch Kochen und dabei auch Vorräte anlegen Geld für Benzin, denn meist kommt man nach einiger Zeit schon mit einem Einkauf pro Woche aus, um nur noch ein paar frische Dinge zu holen oder kann sogar nur jede zweite Woche den Weg zum Supermarkt antreten, anstatt zwei die Woche dort hinzufahren oder sogar verschiedene Supermärkte anzusteuern, weil nicht jeder die Fertiglebensmittel im Sortiment hat, die man gerade benötigt. Wer nicht glaubt, dass man mit Geld sparen kann, in dem man auf fertige Lebensmittel verzichtet, der sollte dies einfach einmal versuchen, denn im Selbstversuch werden auch Skeptiker schnell merken, dass es sich schon nach kurzer Zeit rechnet, alles was man gerne isst selbst zuzubereiten.

So können selbstgemachte Lebensmittel lange gelagert werden

Ob Marmeladen, Kompott, Gewürzmischungen oder Suppen, all diese Dinge können auf Vorrat gekocht werden. Da beim Kochen mit frischen Produkten keine Konservierungsstoffe zum Einsatz kommen, ist es wichtig, dass diese Lebensmittel richtig gelagert werden, sodass sie möglichst lange haltbar bleiben. Das >Wichtigste bei allen diesen Lebensmitteln ist, dass die Behältnisse, die genutzt werden luftdicht verschlossen werden können. Bei den Gewürzmischungen empfiehlt es sich außerdem, dass eine Dose gewählt wird, die nicht lichtdurchlässig ist, denn zu viel Licht kann dazu führen, dass die enthaltenen Kräuter verblassen und auch an Aroma verlieren. Daher empfiehlt sich entweder dunkles Glas oder auch eine Blechdose, um Gewürzmischungen lange frisch zu halten. Bei Suppen kommt es ganz darauf an, wie lange diese gelagert werden sollen. Denn für zwei bis drei Tage können auch Suppen in einem Einmachglas entweder im Keller oder im Kühlschrank gelagert werden. Danach sollten Suppen besser in einer entsprechenden Dose im eingefroren werden. Eingefroren können Suppen bis zu 6 Monate bedenkenlos gelagert werden. Marmeladen, die richtig eingekocht wurden, sind in Einmachgläsern genau wie Kompott sehr lange haltbar. Wichtig ist dabei nur, dass die Gläser in einem kühlen, dunklen Ort gelagert werden. Wer keine separate Speisekammer in der Wohnung hat, sollte daher überlegen im Keller ein Regal aufzustellen, in dem alle Lebensmittel, die in Einmachgläsern gelagert werden können aufzubewahren. Denn dort herrschen auch im Sommer optimale Temperaturen, um eingekochte Lebensmittel lange frisch zu halten.

Daher lohnt es sich saisonales Obst in großen Mengen einzukochen, denn richtig eingekocht und gelagert, kann dieses auch nach einem Jahr noch sehr gut schmecken. Wer seinen eigenen Ketchup macht, kann diesen übrigens auch in Einmachgläsern oder Flaschen im Keller lagern. Die Haltbarkeit kommt hier ein wenig auf die verwendete Zuckermenge an und wie lange der Ketchup eingekocht wurde, drei bis sechs Monate kann sich Ketchup jedoch auch bei einer guten Lagerung halten. Wer Gemüse wie Blumenkohl oder Kohlrabi im Garten anpflanzt kann diese auch nach dem Ernten portionieren einfrieren, wobei Blumenkohl eingelegt als Salat ebenfalls in

Einmachgläsern für einige Monate gelagert werden kann. Wer sich also zwei bis drei Nachmittage im Jahr Zeit nimmt, kann ganz leicht viele Lebensmittel zubereiten, welche dann das gesamte Jahr über genutzt werden können. Zusätzlich können die Einmachgläser und Dosen zur Aufbewahrung einfach gespült und wiederverwendet werden, sodass hier kein Verpackungsmüll anfällt, sodass auch die Umwelt nicht belastet wird.

Rezepte

10 Rezepte für eingemachtes Gemüse, das jedes Jahr aufs Neue begeistert

Die 10 Rezepte bieten eine ideale Basis, um Gemüse der Saison an allen 365 Tagen im Jahr zu genießen. Als positiver Nebeneffekt eines saisonalen Einkaufs zu günstigen Preisen und einer gut gefüllten Speisekammer macht sich bald auch ein Plus in der Haushaltskasse bemerkbar.

1. Eingemachter Möhren-Weißkohlsalat

Schwierigkeitsgrad: Leicht

Zubereitungszeit: 30 Minuten

Zutaten für vier 500 ml große Einmachgläser:

- 1 kg Möhren
- 1 kg Weißkohl
- 750 ml Wasser
- 750 ml Essig
- 125 g Zucker
- 25 g Salz

- 1 Prise Zitronensäure
- 1 Prise Sorbinsäure

Zubereitung:

Schritt 1: Die Möhren schälen und im Anschluss fein hobeln.

Schritt 2: Den Weißkohl ebenfalls fein hobeln.

Schritt 3: Das Gemüse in einer Schüssel vermengen.

Schritt 4: Einen Topf auf dem Herd bereitstellen und darin alle übrigen Zutaten kurz aufkochen lassen.

Schritt 5: Das vorbereitete Gemüse hinzufügen und für zwei Minuten garen.

Schritt 6: Das Gemüse aussieben und dabei den Sud auffangen.

Schritt 7: Zuerst das Gemüse auf die Gläser verteilen und im Anschluss mit dem Sud auffüllen.

Schritt 8: Die Gläser verschließen und so lange auf den Kopf stellen bis der Inhalt komplett abgekühlt ist.

Schritt 9: Die Gläser in die Vorratskammer stellen und bei Bedarf genießen.

Tipp

Dieser Salat ist perfekt für Grillabende geeignet und kann sehr leicht mit weiteren Zutaten wie grünen Paprikas ergänzt werden.

2. Eingelegte bunte Paprikas

Schwierigkeitsgrad: Leicht

Zubereitungszeit: 30 Minuten

Zutaten für vier 500 ml große Einmachgläser:

- 3 rote Paprikas
- 3 gelbe Paprikas
- 3 grüne Paprikas
- 3 orangene Paprikas
- 1 Gemüsezwiebel
- 750 ml Essig
- 750 ml Wasser
- 175 g Zucker
- 25 g Salz

Zubereitung:

Schritt 1: Die Kerngehäuse und weißen Häute der Paprikas entfernen.

Schritt 2: Die Paprikas danach in kleine, mundgerechte Stücke schneiden.

Schritt 3: Die Zwiebel schälen, halbieren und in dünne Streifen schneiden.

Schritt 4: Zwiebeln und Paprikas in einer Schüssel mischen und danach in die Einmachgläser geben.

Schritt 5: Die übrigen Zutaten in einem Topf auf dem Herd erhitzen.

Schritt 6: Den Sud in die Gläser füllen bis der Inhalt komplett mit dem Sud bedeckt ist.

Schritt 7: Die Gläser auf den Kopf drehen bis der Inhalt komplett ausgekühlt ist.

Schritt 8: Die Gläser beschriften und im Vorratsschrank verstauen.

3. Eingelegte Kürbisstücke mit Senfkörnern

Schwierigkeitsgrad: Einfach

Zubereitungszeit: 20 Minuten

Zutaten für vier 500 ml große Einmachgläser:

- 2 kg Kürbis
- 750 ml Essig
- 750 ml Wasser
- 200 g Zucker
- 10 g Salz
- 4 TL Senfkörner

Zubereitung:

Schritt 1: Je nach Sorte die Schale des Kürbis mit einem Messer abschneiden.

Schritt 2: Das Fruchtfleisch des Kürbis in mundgerechte Stücke schneiden.

Schritt 3: Den Kürbis auf die vier Einmachgläser verteilen.

Schritt 4: Jeweils einen TL Senfkörner darauf geben.

Schritt 5: Einen Topf auf den Herd stellen und darin die übrigen Zutaten kurz aufkochen.

Schritt 6: Das Umrühren nicht vergessen, damit sich die Zucker- und Salzkristalle leichter lösen.

Schritt 7: Die Gläser mit dem Sud auffüllen.

Schritt 8: Die Gläser verschließen und auf den Kopf stellen bis der Inhalt komplett abgekühlt ist. Danach können die Gläser beschriftet und wie gewohnt in der Vorratskammer verstaut werden.

Tipp

Für dieses Rezept eignet sich jede Kürbisart. Die Schale sollte entfernt werden, um nach dem Öffnen der Einmachgläser ein leichteres Verarbeiten der Kürbisstücke zu ermöglichen.

4. Eingelegte bunte Zucchinis

Schwierigkeitsgrad: Leicht

Zubereitungszeit: 20 Minuten

Zutaten für vier 500 ml große Einmachgläser:

- 1 kg grüne Zucchinis
- 1 kg gelbe Zucchinis
- 750 ml Essig
- 750 ml Wasser
- 220 g Zucker
- 10 g Salz

Zubereitung:

Schritt 1: Die Enden der Zucchinis entfernen und das übrige Fruchtfleisch in mundgerechte Stücke schneiden.

Schritt 2: Die zwei Sorten Zucchinis in einer Schüssel vermengen.

Schritt 3: Die Gläser bereitstellen und das Gemüse darauf verteilen.

Schritt 4: Einen Topf auf den Herd stellen und dort die übrigen Zutaten kurz aufkochen.

Schritt 5: Das Umrühren nicht vergessen, damit sich die Zucker- und Salzkristalle leichter lösen.

Schritt 6: Die Gläser mit dem Sud auffüllen.

Schritt 7: Die Gläser verschließen und auf den Kopf stellen bis der Inhalt komplett abgekühlt ist. Danach können die Gläser beschriftet und wie gewohnt in der Vorratskammer verstaut werden.

5. Eingelegte Champignons

Schwierigkeitsgrad: Leicht

Zubereitungszeit: 30 Minuten

Zutaten für vier 500 ml große Einmachgläser:

- 2 kg mittlere Champignons
- 750 ml Essig
- 750 ml Wasser
- 200 g Zucker
- 30 g Salz
- 1 TL Wacholderbeeren
- 1 TL Senfkörner
- 4 Lorbeerblätter

Zubereitung:

Schritt 1: Die Champignons mit einer Bürste putzen.

Schritt 2: Danach die Stiele auf die gleiche Länge einkürzen.

Schritt 3: Einen Topf auf dem Herd bereitstellen und darin die übrigen Zutaten kruz aufkochen.

Schritt 4: Das Umrühren nicht vergessen, damit sich die Zucker- und Salzkristalle auch wirklich auflösen.

Schritt 5: Die Temperatur reduzieren und die Champignons hinzufügen. Für etwa 10 Minuten garen.

Schritt 6: Danach die Champignons auf die vier Gläser verteilen.

Schritt 7: Den Sud auf die Gläser verteilen, so dass der Inhalt komplett bedeckt ist.

Schritt 8: Den Deckel fest verschließen und die Gläser umdrehen bis die Champignons und der Sud komplett ausgekühlt sind. Danach wie gewohnt beschriften und einlagern.

Tipp

Für Menschen, die sehr gerne Pilze essen ist dieses Rezept die perfekte Basis um auch weitere Pilzarten wie Pfifferlinge oder Steinpilze einzulegen. Gleiches gilt auch für Trüffel, um diese zu besonderen Gelegenheiten wie zum Beispiel Weihnachten zu servieren.

6. Eingelegte Rote Bete Scheiben

Schwierigkeitsgrad: Mittel

Zubereitungszeit: 60 Minuten

Zutaten für vier 500 ml große Einmachgläser:

- 2 kg rote Beete Kugeln
- 1 Liter Wasser
- 500 ml Essig
- 150 g Zucker
- 20 g Salz
- 4 Nelken
- 4 Wacholderbeeren
- 4 Lorbeerblätter

Zubereitung:

Schritt 1: Die rote Bete zunächst mit Wasser bedecken und in einem Topf kochen bis diese gar sind.

Schritt 2: Einmalhandschuhe anziehen, um die Hände vor dem direkten Kontakt mit der stark färbenden rote Beete zu schützen.

Schritt 3: Die Schale ablösen und die Kugeln im Anschluss in Scheiben schneiden.

Schritt 4: Diese Scheiben auf die Gläser verteilen.

Schritt 5: Einen Topf auf dem Herd bereitstellen und darin die übrigen Zutaten kurz aufkochen.

Schritt 6: Das Umrühren nicht vergessen, damit sich die Zucker- und Salzkristalle auch wirklich auflösen.

Schritt 7: Den Sud auf die Gläser verteilen, so dass der Inhalt komplett bedeckt ist.

Schritt 8: Den Deckel fest verschließen und die Gläser umdrehen bis die rote Bete und der Sud komplett ausgekühlt sind. Danach wie gewohnt beschriften und einlagern.

7. Eingelegte Gurken

Schwierigkeitsgrad: Leicht

Zubereitungszeit: 25 Minuten

Zutaten für vier 500 ml große Einmachgläser:

- 2 kg kleine Gurken zum Einlegen
- 1 Liter Wasser
- 500 ml Essig
- 150 g Zucker
- 20 g Salz
- 1 Handvoll frischer Dill
- 1 EL Senfkörner

Zubereitung:

Schritt 1: Die kleinen Gurken mit einem Messer an einigen Stellen einstechen, damit der Sud die Schale besser durchdringen kann.

Schritt 2: Den Dill mit einem Messer fein hacken.

Schritt 3: Den gehackten Dill und die Gurken auf die vier Gläser verteilen.

Schritt 4: Einen Topf auf dem Herd bereitstellen und darin die übrigen Zutaten kruz aufkochen.

Schritt 5: Das Umrühren nicht vergessen, damit sich die Zucker- und Salzkristalle auch wirklich auflösen.

Schritt 6: Den Sud auf die Gläser verteilen, so dass der Inhalt komplett bedeckt ist.

Schritt 7: Den Deckel fest verschließen und die Gläser umdrehen bis der Sud komplett ausgekühlt ist. Danach wie gewohnt beschriften und einlagern.

Schritt 8: Nach vier Wochen können die eingelegten Gurken das erste Mal probiert werden.

Tipp

Dieser Klassiker sollte in keiner Speisekammer fehlen. Kombiniert mit Silberzwiebeln oder kleinen Chilischoten wird den Gurken immer wieder eine andere Geschmacksnote verliehen.

8. Eingelegte rote Zwiebeln

Schwierigkeitsgrad: Leicht

Zubereitungszeit: 35 Minuten

Zutaten für vier 500 ml große Einmachgläser:

- 2 kg rote Zwiebeln
- 500 ml Rotweinessig
- 1 Liter Wasser
- 200 g Zucker
- 30 g Salz
- 3 Wacholderbeere
- 3 Lorbeerblätter

Zubereitung:

Schritt 1: Die Schalen der Zwiebeln entfernen, ohne die Enden abzuschneiden.

Schritt 2: Die übrigen Zutaten in einem Topf auf dem Herd kurz aufkochen.

Schritt 3: Das Umrühren nicht vergessen, damit sich die Zucker- und Salzkristalle wirklich komplett auflösen.

Schritt 4: Die Hitze reduzieren und die roten Zwiebeln für etwa 10 Minuten im Sud garen.

Schritt 5: Die vorgegarten roten Zwiebeln auf die

vier Gläser verteilen.

Schritt 6: Den Sud auf die Gläser verteilen bis die Zwiebeln komplett bedeckt sind.

Schritt 7: Die Deckel der Gläser fest verschrauben und diese auf den Kopf stellen. Wenn die Flüssigkeit abgekühlt ist, können die Gläser wie gewohnt in den Vorratsschrank gestellt werden.

9. Eingelegte Cocktailtomaten mit Knoblauchzehen

Schwierigkeitsgrad: Leicht

Zubereitungszeit: 30 Minuten

Zutaten für vier 500 ml große Einmachgläser:

- 1,5 Cocktailtomaten
- 500 g Knoblauch
- 1 Liter Wasser
- 500 ml heller Balsamico
- 200 g Zucker
- 30 g Salz
- 1 Handvoll Basilikum

Zubereitung:

Schritt 1: Die Cocktailtomaten von den grünen Stielen befreien und bei Bedarf noch einmal kurz abwaschen.

Schritt 2: Die einzelnen Knoblauchzehen auslösen.

Schritt 3: Einen Topf auf dem Herd bereitstellen.

Schritt 4: Darin Essig, Wasser, Zucker und Salz erhitzen, sodass sich die beiden letztgenannten Zutaten komplett auflösen können.

Schritt 5: Die Wärme reduzieren und den Knoblauch und die Tomaten hinzufügen und für fünf Minuten köcheln lassen.

Schritt 6: Tomaten, Basilikum und Knoblauchzehen auf die Gläser verteilen.

Schritt 7: Den Sud darauf verteilen bis die Gläser komplett gefüllt sind.

Schritt 8: Den Deckel fest verschließen und die Gläser auf den Kopf stellen. Wenn diese komplett abgekühlt sind wieder umdrehen und beschriftet in den Vorratskeller stellen.

10. Eingelegter Selleriesalat

Schwierigkeitsgrad: Leicht

Zubereitungszeit: 30 Minuten

Zutaten für vier 500 ml große Einmachgläser:

- 2 kg Sellerie
- 1 Liter Wasser
- 500 ml Weißweinessig
- 200 g Zucker
- 30 g Salz

Zubereitung:

Schritt 1: Die Schale der Sellerie mit einem Messer entfernen.

Schritt 2: Die Knolle mit einem Küchenhobel in feine Streifen hobeln.

Schritt 4: Einen Topf auf dem Herd bereitstellen und darin alle übrigen Zutaten kurz aufkochen lassen.

Schritt 5: Den vorbereiteten Sellerie hinzufügen und für zwei Minuten garen.

Schritt 6: Den Sellerie aussieben und dabei den Sud auffangen.

Schritt 7: Zuerst den Sellerie auf die Gläser verteilen und im Anschluss mit dem Sud auffüllen.

Schritt 8: Die Gläser verschließen und so lange auf den Kopf stellen bis der Inhalt komplett abgekühlt ist.

Schritt 9: Die Gläser in die Vorratskammer stellen und vor dem Genießen für einige Wochen durchziehen lassen.

10 Rezepte für eingemachtes Obst frisch aus dem Garten in das Einmachglas

Eingemachtes Obst gehört zu den Klassikern im Vorratsschrank, die bereits beim Öffnen Erinnerungen an den letzten Sommer wach werden lassen. Reifes Saisonobst aus dem Einmachglas ist ein besonderer Genuss auf den in Zukunft bestimmt nicht mehr verzichtet werden soll.

1. Erdbeeren aus dem Einmachglas

Schwierigkeitsgrad: Mittel

Zubereitungszeit: 60 Minuten

Zutaten für vier 500 ml große Einmachgläser:

- 2 kg Erdbeeren
- Wasser
- 150 g Zucker

Zubereitung:

Schritt 1: Die Erdbeeren waschen und dann die grünen Stiele vorsichtig abschneiden, sodass das Fruchtfleisch nicht eingeschnitten wird.

Schritt 2: Je nach eigenem Geschmack die Erdbeeren entweder ganz, halbiert oder geviertelt in das Glas geben. Bei geschnittenen Früchten erhöht sich der Anteil an frischen Erdbeeren pro Glas.

Schritt 3: Pro Glas jeweils zwei Löffel Zucker hinzugeben.

Schritt 4: Danach die Gläser bis zum Rand mit Wasser auffüllen.

Schritt 5: Die Deckel gut verschließen und in einen Einmachtopf stellen.

Schritt 6: Das Wasser im Einmachtopf sollte nicht bis zum Rand der Gläser reichen.

Schritt 7: Das Wasser langsam zum Kochen bringen und die Früchte knapp unter dem Siedepunkt für 5 bis 10 Minuten einkochen lassen.

Schritt 8: Im Anschluss die Gläser entfernen und abkühlen lassen.

Schritt 9: Vor der Lagerung die Beschriftung und das Datum nicht vergessen, damit immer klar ist wann die Erdbeeren eingemacht wurden.

2. Birnen mit Vanillestange

Schwierigkeitsgrad: Mittel

Zubereitungszeit: 60 Minuten

Zutaten für vier 500 ml große Einmachgläser:

- 2 kg Birnen
- 2 Vanillestangen
- 200 g Zucker
- Wasser

Zubereitung:

Schritt 1: Den Wasser in einem Topf mit ca. 1,5 Liter Wasser aufkochen lassen bis dieser vollständig gelöst ist. Danach das Zuckerwasser abkühlen lassen.

Schritt 2: Die Vanillestangen halbieren und jeweils eine Hälfte in jedes Glas geben.

Schritt 3: Die Birnen schälen, vierteln und das Kerngehäuse entfernen.

Schritt 4: Die Birnenviertel im Anschluss ebenfalls auf die Gläser verteilen.

Schritt 5: Die Einmachgläser mit dem vorbereiteten Zuckerwasser auffüllen.

Schritt 5: Die Deckel gut verschließen und in einen Einmachtopf stellen.

Schritt 6: Das Wasser im Einmachtopf sollte nicht bis zum Rand der Gläser reichen.

Schritt 7: Das Wasser langsam zum Kochen bringen und die Früchte knapp unter dem Siedepunkt für 10 Minuten einkochen lassen.

Schritt 8: Im Anschluss die Gläser entfernen und abkühlen lassen.

Schritt 9: Vor der Lagerung die Beschriftung und das Datum nicht auftragen. Dies gelingt am einfachsten mit den entsprechenden Stickern, die in jedem größeren Supermarkt zu finden sind.

3. Kirschen mit Rotwein

Schwierigkeitsgrad: Mittel

Zubereitungszeit: 75 Minuten

Zutaten für vier 500 ml große Einmachgläser:

- 2,5 kg Kirschen
- Rotwein

Zubereitung:

Schritt 1: Die Kirschen halbieren und die Kerne vorsichtig entfernen, ohne zu viel des Fruchtsaftes durch den Druck auszupressen.

Schritt 2: Die Kirschen auf die, die vier Einmachgläser verteilen.

Schritt 3: Die Kirschen mit dem Rotwein auffüllen.

Schritt 4: Die Deckel gut verschließen und ohne die anderen Gläser zu berühren in einen Einmachtopf stellen.

Schritt 5: Das Wasser im Einmachtopf sollte etwa nur ¾ der Höhe der Einmachgläser einnehmen.

Schritt 6: Das Wasser langsam zum Kochen bringen und die Früchte knapp unter dem Siedepunkt für 5 bis 10 Minuten einkochen lassen.

Schritt 7: Im Anschluss die Gläser entfernen und ebenfalls langsam auf Zimmertemperatur abkühlen lassen.

Schritt 8: Vor der Lagerung die Beschriftung und das Datum notieren. Das erleichtert später zu erkennen, welche Kirschen zuerst verzehrt werden sollten.

4. Dreierlei Johannisbeeren aus dem Einmachglas

Schwierigkeitsgrad: Mittel

Zubereitungszeit: 60 Minuten

Zutaten für vier 500 ml große Einmachgläser:

- 1 kg schwarze Johannisbeeren
- 1 kg rote Johannisbeeren
- 1 kg weiße Johannisbeeren
- 300 g Zucker
- Wasser

Zubereitung:

Schritt 1: Den Zucker in einem Topf mit ca. 1,2 Liter Wasser aufkochen, bis sich alle Zuckerkristalle komplett aufgelöst haben. Im Anschluss das Zuckerwasser abkühlen lassen.

Schritt 2: Die Johannisbeeren von den Stielen zupfen und getrennt aufbewahren.

Schritt 3: Die Johannisbeeren jeweils in Schichten in die Einmachgläser geben.

Schritt 4: Das Zuckerwasser vorsichtig in die Einmachgläser geben, damit die geschichteten Beeren sich nicht vermischen.

Schritt 5: Die Deckel gut mit einem Gummiband verschließen, sodass später keine Luft durch die Zwischenräume in das Glas gelangt. Danach ohne die anderen Gläser zu berühren in einen Einmachtopf stellen.

Schritt 6: Das Wasser im Einmachtopf sollte etwa nur ¾ der Höhe der Einmachgläser einnehmen.

Schritt 7: Das Wasser langsam zum Kochen bringen und die Johannisbeeren knapp unter dem Siedepunkt für 5 bis 10 Minuten einkochen lassen.

Schritt 8: Im Anschluss die Gläser entfernen und ebenfalls langsam bis zum Erreichen der Zimmertemperatur abkühlen lassen.

Schritt 9: Vor der Lagerung die Beschriftung und das Datum notieren. Hierfür lieber eine größere Schrift wählen, die auch in dunkleren Kellerräumen noch gut zu lesen ist.

5. Heidelbeeren aus dem Einmachglas

Schwierigkeitsgrad: Mittel

Zubereitungszeit: 60 Minuten

Zutaten für vier 500 ml große Einmachgläser:

2 kg Heidelbeeren

200 g Zucker

Wasser

Zubereitung:

Schritt 1: Den Zucker in einem Topf mit etwa 1,2 Liter Wasser auf dem Herd erhitzen, damit sich der Zucker im Wasser komplett auflöst. Danach abkühlen lassen.

Schritt 2: In der Zwischenzeit die Heidelbeeren waschen und dabei stark eingedrückte oder auch trockene Früchte aussortieren.

Schritt 3: Die Heidelbeeren in die Einmachgläser füllen und mit dem Zuckerwasser befüllen.

Schritt 4: Die Deckel gut verschließen, sodass später keine Luft durch die Zwischenräume in das Glas gelangt. Hierfür eignen sich nach wie vor Einmachgläser mit Gummiband sehr gut.

Schritt 5: Danach ohne die anderen Gläser zu berühren in einen Einmachtopf stellen.

Schritt 6: Das Wasser im Einmachtopf sollte bis etwa 2 cm unterhalb des Deckels alles freilassen.

Schritt 7: Das Wasser langsam zum Kochen bringen und die Heidelbeeren knapp unter dem Siedepunkt für 5 bis 10 Minuten einkochen lassen.

Schritt 8: Im Anschluss die Gläser entfernen und ebenfalls langsam bis zum Erreichen der Zimmertemperatur abkühlen lassen.

Schritt 9: Vor der Lagerung die Beschriftung und das Datum notieren. Dadurch ist es möglich auch Ernten aus verschiedenen Jahren klar voneinander zu unterscheiden.

6. Rharbarber

Schwierigkeitsgrad: Mittel

Zubereitungszeit: 60 Minuten

Zutaten für vier 500 ml große Einmachgläser:

- 2,5 kg Rhabarber
- 300 g Zucker
- Wasser

Zubereitung:

Schritt 1: Den Rhabarber in mundgerechte Stücke schneiden.

Schritt 2: Die Stücke danach auf die Gläser verteilen.

Schritt 3: Den Zucker mit etwa 1,2 Liter Wasser aufkochen bis sich alle Zuckerkristalle komplett gelöst haben. Um dies zu beschleunigen, das Umrühren nicht vergessen.

Schritt 4: Das noch warme Zuckerwasser zum Befüllen der Einmachgläser nutzen. Dadurch garen die Rhabarberstücke bereits im Glas und lassen sich nach dem Öffnen leichter weiterverarbeiten.

Schritt 5: Die Deckel gut verschließen, um zu verhindern, dass Luft bis zum Inhalt der Gläser vordringt und in einen Einmachtopf stellen.

Schritt 6: Das Wasser im Einmachtopf sollte bis etwa 2 cm unterhalb des Deckels aufhören, um das Einkochen zu erleichtern.

Schritt 7: Das Wasser langsam zum Kochen bringen und der Rhabarber knapp unter dem Siedepunkt für 10 Minuten einkochen lassen.

Schritt 8: Im Anschluss die Gläser entfernen und ebenfalls langsam bis zum Erreichen der Zimmertemperatur abkühlen lassen.

Schritt 9: Vor der Lagerung die Beschriftung und das Datum notieren. Danach am besten in der Vorratskammer oder im Keller lagern.

7. Himbeeren aus dem Einmachglas

Schwierigkeitsgrad: Mittel

Zubereitungszeit: 50 Minuten

Zutaten für vier 500 ml große Einmachgläser:

- 2 kg Himbeeren
- 200 g Zucker
- Wasser

Zubereitung:

Schritt 1: Den Zucker in einem Topf mit etwa 1,2 Liter Wasser aufkochen. Im Anschluss den Topf vom Herd nehmen und das Zuckerwasser abkühlen lassen.

Schritt 2: Danach die Beeren waschen und faule Früchte entfernen.

Schritt 3: Die Himbeeren nun auf die vier bereitgestellten Einmachgläser verteilen.

Schritt 4: Die Deckel gut verschließen, um zu verhindern, dass Luft bis zum Inhalt der Gläser vordringt und in einen Einmachtopf stellen.

Schritt 5: Das Wasser im Einmachtopf sollten den oberen Bereich der Einmachgläser auch unterhalb des Deckels freilassen.

Schritt 6: Das Wasser langsam zum Kochen bringen und die Himbeeren knapp unter dem Siedepunkt für 10 Minuten einkochen lassen.

Schritt 7: Im Anschluss die Gläser entfernen und ebenfalls langsam bis zum Erreichen der Zimmertemperatur abkühlen lassen.

Schritt 8: Vor der Lagerung die Beschriftung und das Datum notieren. Als Geschenke können die Himbeeren zudem mit einer kleinen Widmung oder Grüßen versehen werden.

8. Pfirsichhälften aus dem Einmachglas

Schwierigkeitsgrad: Mittel

Zubereitungszeit: 65 Minuten

Zutaten für vier 500 ml große Einmachgläser:

- 2 kg Pfirsiche
- 300 g Zucker
- Wasser

Zubereitung:

Schritt 1: Wasser aus dem Herd erhitzen und die Pfirsiche erst kreuzförmig einstechen und dann in das Wasser legen.

Schritt 2: Nach etwa einer Minuten herausholen und die Schale abziehen.

Schritt 3: Die Früchte halbieren und die Kerne entfernen.

Schritt 4: Die Pfirsichhälften danach auf die Einmachgläser verteilen.

Schritt 5: Das noch warme Wasser nutzen, um darin

den Zucker zu lösen.

Schritt 6: Das Zuckerwasser abkühlen lassen und danach zum Auffüllen der Gläser nutzen.

Schritt 7: Die Deckel gut verschließen, um zu verhindern, dass Luft bis zum Inhalt der Gläser vordringt und in einen Einmachtopf stellen.

Schritt 8: Das Wasser im Einmachtopf sollte nur etwa ¾ der Größe der Einmachgläser erreichen.

Schritt 9: Das Wasser langsam zum Kochen bringen und die Pfirsiche knapp unter dem Siedepunkt für 10 Minuten einkochen lassen.

Schritt 10: Im Anschluss die Gläser entfernen und ebenfalls langsam bis zum Erreichen der Zimmertemperatur abkühlen lassen.

Schritt 11: Vor der Lagerung die Beschriftung und das Datum notieren. Da die eingemachten Pfirsiche leicht über mehrere Jahre haltbar sind erleichtert die Beschriftung die Erkennung der unterschiedlichen Ernten.

9. Brombeeren aus dem Einmachglas

Schwierigkeitsgrad: Mittel

Zubereitungszeit: 50 Minuten

Zutaten für vier 500 ml große Einmachgläser:

- 2 kg Brombeeren
- 200 g Zucker
- Wasser

Zubereitung:

Schritt 1: Den Zucker in einem Topf mit 1 Liter Wasser langsam auflösen.

Schritt 2: Danach vom Herd nehmen und abkühlen lassen.

Schritt 3: Die Brombeeren kurz begutachten und faule Früchte aussortieren.

Schritt 4: Die Beeren danach auch die vorbereiteten Einmachgläser verteilen.

Schritt 5: Die Deckel gut verschließen, um zu verhindern, dass Luft bis zum Inhalt der Gläser vordringt und in einen Einmachtopf stellen.

Schritt 6: Das Wasser im Einmachtopf sollte nur etwa ¾ der Größe der Einmachgläser erreichen.

Schritt 7: Das Wasser langsam zum Kochen bringen und die Brombeeren knapp unter dem Siedepunkt für 10 Minuten einkochen lassen.

Schritt 8: Im Anschluss die Gläser vorsichtig herausholen und ebenfalls langsam bis zum Erreichen der Zimmertemperatur abkühlen lassen.

Schritt 9: Vor der Lagerung die Beschriftung und das Datum notieren. Da die eingemachten Brombeeren leicht über mehrere Jahre haltbar sind, ist auf den ersten Blick zu erkennen, welche Gläser zuerst eingemacht und daher auch zuerst gegesessen werden sollten.

10. Quitten aus dem Einmachglas

Schwierigkeitsgrad: Mittel

Zubereitungszeit: 60 Minuten

Zutaten für vier 500 ml große Einmachgläser:

- 2,5 kg Quitten
- 300 g Zucker
- Wasser

Zubereitung:

Schritt 1: Die Quitten schälen, vierteln und das Kerngehäuse entfernen.

Schritt 2: Die Quitten danach weiter zerkleinern oder direkt auf die vorbereiteten Einmachgläser verteilen.

Schritt 3: Den Zucker mit etwa 1,2 Liter Wasser aufkochen bis sich die gesamten Zuckerkristalle gelöst haben.

Schritt 4: Die Einmachgläser mit dem noch warmen Zuckerwasser auffüllen. Dadurch garen die Früchte bereits in den Gläsern.

Schritt 5: Die Deckel gut verschließen, um zu verhindern, dass Luft bis zum Inhalt der Gläser vordringt und in einen Einmachtopf stellen.

Schritt 6: Das Wasser im Einmachtopf sollte nur etwa ¾ der Größe der Einmachgläser erreichen.

Schritt 7: Das Wasser langsam zum Kochen bringen und die Quitten knapp unter dem Siedepunkt für 10 Minuten einkochen lassen.

Schritt 8: Im Anschluss die Gläser vorsichtig herausholen und ebenfalls langsam bis zum Erreichen der Zimmertemperatur abkühlen lassen.

Schritt 9: Vor der Lagerung die Beschriftung und das Datum notieren. Das erleichtert es auch in dunkleren Keller- und Vorratsräumen sofort einen Überblick über den Inhalt zu haben.

5 Kompottrezepte für den Vorratsraum

Ob zu Eis, Pfannkuchen oder einfach pur ist Kompott einer der heimlichen Favoriten im Vorratsschrank. Dank der leichten Zubereitung in größeren Mengen ist das Lieblingskompott in Zukunft nur noch wenige Schritte entfernt.

1. Apfel-Rhabarber-Kompott

Schwierigkeitsgrad: Leicht

Zubereitungszeit: 90 Minuten

Zutaten für vier 500 ml große Einmachgläser:

- 2 kg Äpfel
- 500 g Rhabarber
- 150 g brauner Zucker
- 1 Zitrone
- 1 Liter frisch gepresster Apfelsaft
- 1 Prise Zimt

Zubereitung:

Schritt 1: Die Äpfel schälen, vierteln und das Kerngehäuse entfernen.

Schritt 2: Danach die Äpfel in kleine Scheiben schneiden.

Schritt 3: Die Zitrone halbieren und den Saft auspressen.

Schritt 4: Einen Topf auf dem Herd aussetzen und darin die Äpfel und den Apfelsaft zusammen mit dem braunen Zucker aufkochen.

Schritt 5: In der Zwischenzeit den Rhabarber in kleine Stücke schneiden und ebenfalls in den Topf geben.

Schritt 6: Bei geschlossenem Deckel für mindestens 40 Minuten köcheln lassen.

Schritt 7: Kurz vor Ende der Garzeit den Zitronensaft hinzufügen.

Schritt 8: Bei Bedarf das Kompott nochmals mit einem Kartoffelstampfer noch feiner gestalten.

Schritt 9: Den Zimt hinzufügen, gut umrühren und auf die Gläser verteilen.

Schritt 10: Den Deckel verschließen und etwa 30 Minuten auf den Kopf stellen, um die Haltbarkeit zu erhöhen.

2. Pflaumen-Pfirschkompott

Schwierigkeitsgrad: Leicht

Zubereitungszeit: 60 Minuten

Zutaten für vier 500 ml große Einmachgläser:

- 2 kg Pflaumen
- 1 kg Pfirsiche
- 250 g Zucker
- 2 Liter dunkler Traubensaft

Zubereitung:

Schritt 1: Die Pflaumen halbieren und den Kern entfernen.

Schritt 2: Danach das Fruchfleisch nochmals halbieren.

Schritt 3: Die Pfirsiche halbieren und den Kern auslösen. Härtere Stellen am Fruchtfleisch ebenfalls wegschneiden.

Schritt 4: Die Pfirsichhälften im Anschluss nochmals in kleine Stücke schneiden.

Schritt 5: Einen Topf auf dem Herd erhitzen und darin die Zutaten kurz aufkochen.

Schritt 6: Danach auf mittlere Hitze zurückstellen und für etwa 25 bis 30 Minuten einkochen lassen.

Schritt 7: Das fertige Kompott auf vier Einmachgläser verteilen.

Schritt 8: Den Deckel verschließen und etwa 30 Minuten auf den Kopf stellen, um die Haltbarkeit zu erhöhen.

Schritt 9: Diese sehr fruchtige Kompott ist ein idealer Begleiter für Vanilleeiscreme, Waffeln oder um ein Naturjoghurt aufzupeppen.

3. Quittenkompott mit Birnen

Schwierigkeitsgrad: Leicht

Zubereitungszeit: 70 Minuten

Zutaten für vier 500 ml große Einmachgläser:

- 1,5 kg Quitten
- 1,5 kg Birnen
- 2 Vanilleschoten
- 150 g Zucker
- 2 Liter naturtrüber Birnensaft

Zubereitung:

Schritt 1: Die Quitten schälen, vierteln und die Kerngehäuse entfernen.

Schritt 2: Das Fruchtfleisch danach in kleine Würfel schneiden.

Schritt 3: Die Birnen schälen, vierteln und mit einem Messer das Kerngehäuse und alle holzigen Stellen entfernen.

Schritt 4: Die Birnen in kleine Scheiben schneiden,

um diese im Kompott von den Quitten zu unterscheiden.

Schritt 5: Die Vanilleschoten halbieren und mit einem Messer das Mark auskratzen.

Schritt 6: Einen Topf auf dem Herd aufsetzen und darin die vorbereiteten Zutaten zusammen mit dem Zucker und dem Birnensaft aufkochen lassen.

Schritt 7: Nach dem Aufkochen die Hitze reduzieren und bei mittlerer Hitze für etwa 30 Minuten köcheln lassen.

Schritt 8: Das fertige Kompott auf vier Einmachgläser verteilen.

Schritt 9: Den Deckel verschließen und etwa 30 Minuten auf den Kopf stellen, um die Haltbarkeit zu erhöhen.

Schritt 10: Dieses Kompott ist ideal für Kaiserschmarrn oder auch andere Mehlspeisen geeignet.

4. Nektarinenkompott mit Sultaninen

Schwierigkeitsgrad: Leicht

Zubereitungszeit: 45 Minuten

Zutaten für vier 500 ml große Einmachgläser:

- 2 kg Nektarinen
- 150 g Zucker
- 100 g Sultaninen
- 2 Liter Pfirsichsaft

Zubereitung:

Schritt 1: Die Nektarinen halbieren und die Kerne entfernen.

Schritt 2: Das übrige Fruchtfleisch in kleine Stücke schneiden.

Schritt 3: Einen Topf auf dem Herd erhitzen und darin Nektarinen, Zucker und Pfirsichsaft kurz aufkochen.

Schritt 4: Im Anschluss die Hitze reduzieren und bei niedrigen Temperaturen für etwa 30 Minuten einkochen lassen.

Schritt 5: Nach 15 Minuten die Sultaninen hinzufügen.

Schritt 6: Das fertige Kompott auf vier Einmachgläser verteilen.

Schritt 7: Den Deckel verschließen und etwa 30 Minuten auf den Kopf stellen, um die Haltbarkeit zu erhöhen.

Schritt 8: Dieses Kompott schmeckt sowohl pur als auch als Beigabe für Desserts.

5. Kürbiskompott mit Kürbiskernen

Schwierigkeitsgrad: Leicht

Zubereitungszeit: 60 Minuten

Zutaten für vier 500 ml große Einmachgläser:

- 2 kg Kürbis
- 175 g brauner Zucker
- 100 g geschälte Kürbiskerne
- 1,5 Liter Apfelsaft
- 500 ml Wasser

Zubereitung:

Schritt 1: Je nach Sorte die Schale des Kürbis entfernen und das Fruchtfleisch in Würfel schneiden.

Schritt 2: Einen Topf auf den Herd stellen und darin alle Zutaten bis auf die Kürbiskerne aufkochen lassen.

Schritt 3: Zwischendurch das Umrühren nicht vergessen, damit sich die Zuckerkristalle leichter lösen.

Schritt 4: Im Anschluss die Hitze reduzieren und bei niedrigen Temperaturen für etwa 30 Minuten einkochen lassen.

Schritt 5: Nach 15 Minuten die Kürbiskerne hinzufügen.

Schritt 6: Das fertige Kompott auf vier Einmachgläser verteilen.

Schritt 7: Den Deckel verschließen und etwa 30 Minuten auf den Kopf stellen, um die Haltbarkeit zu erhöhen.

Schritt 8: Dieses Kompott schmeckt sowohl zu süßen als auch herzhaften Gerichten.

5 Suppenrezepte aus dem Glas als schnelle Mahlzeit für das Büro

Diese fünf abwechslungsreichen Rezepte sind der beste Grund dem faden Essen in der Kantine endlich den Rücken zu kehren. Zudem bleibt ausreichend Spielraum zum Experimentieren, um die Rezepte mit den eigenen Lieblingszutaten noch schmackhafter zu gestalten.

1. Hühnersuppe mit Möhren und Zuckerschoten

Schwierigkeitsgrad: Leicht

Zubereitungszeit: 10 Minuten

Zutaten für zwei 750 ml große Einmachgläser:

- 100 g gegartes Hühnerfleisch vom Vortag
- 100 g Zuckerschoten
- 100 g Möhren
- 4 Frühlingszwiebeln
- 4 EL selbst gemachte Hühnerbrühe
- 2 Prisen Salz

- 2 Prisen Pfeffer

Zubereitung:

Schritt 1: Die Möhren schälen und in dünne Scheiben schneiden.

Schritt 2: Die Ende der Frühlingszwiebeln abschneiden und den Rest ebenfalls in dünne Ringe schneiden.

Schritt 3: Das Hühnerfleisch in kleine Würfel schneiden.

Schritt 4: Die zwei Einmachgläser bereitstellen und alle Zutaten jeweils zu 50 % darauf verteilen.

Schritt 5: Die Einmachgläser verschießen und mit ins Büro nehmen.

Schritt 6: Dort einfach Wasser im Teekocher erhitzen und das Einmachglas damit füllen bis alle Zutaten bedeckt sind.

Schritt 7: Für etwa 5 Minuten ziehen lassen und danach noch warm genießen.

2. Grüne Gemüsesuppe

Schwierigkeitsgrad: Leicht

Zubereitungszeit: 15 Minuten

Zutaten für zwei 750 ml große Einmachgläser:

- 50 g Brokkoli
- 50 g frische Erbsen
- 50 g grüner Spargel
- 20 g Bärlauch
- 4 EL selbstgemachte Gemüsebrühe
- 2 Prisen Salz
- 2 Prisen Pfeffer

Zubereitung:

Schritt 1: Den Brokkoli in kleine Röschen schneiden.

Schritt 2: Die holzigen Enden des Spargels entfernen und den Rest in dünne Ringe schneiden.

Schritt 3: Den Bärlauch fein hacken.

Schritt 4: Die zwei Einmachgläser bereitstellen und alle Zutaten jeweils zu 50 % darauf verteilen.

Schritt 5: Die Einmachgläser verschießen und mit ins

Büro nehmen.

Schritt 6: Dort einfach Wasser im Teekocher erhitzen und das Einmachglas damit füllen bis alle Zutaten bedeckt sind.

Schritt 7: Für etwa 10 Minuten ziehen lassen und danach noch warm genießen.

3. Chinesische Nudelsuppe

Schwierigkeitsgrad: Leicht

Zubereitungszeit: 10 Minuten

Zutaten für zwei 750 ml große Einmachgläser:

- 50 g Chinesiche Instantnudeln
- 50 g gegartes Hühnerfleisch
- 50 g Sojasprossen
- 50 g Champignons
- 4 Stangen Frühlingszwiebeln
- 4 Löffel selbst gemachte Hühnerbrühe
- 2 Prisen Salz
- 2 Prisen Pfeffer

Zubereitung:

Schritt 1: Die Champignons mit einer Bürste von allen Erdanhaftungen befreien.

Schritt 2: Danach die Champignons in dünne Scheiben schneiden.

Schritt 3: Die Enden der Frühlingszwiebeln entfernen und den Rest in feine Ringe schneiden.

Schritt 4: Das gegarte Hühnerfleisch in kleine Würfel schneiden.

Schritt 5: Die zwei Einmachgläser bereitstellen und alle Zutaten jeweils zu 50 % darauf verteilen.

Schritt 6: Die Einmachgläser verschießen und mit ins Büro nehmen.

Schritt 7: Dort einfach Wasser im Teekocher erhitzen und das Einmachglas damit füllen bis alle Zutaten bedeckt sind.

Schritt 8: Für etwa 10 Minuten ziehen lassen und danach noch warm genießen.

4. Gazpacho

Schwierigkeitsgrad: Leicht

Zubereitungszeit: 30 Minuten

Zutaten für zwei 750 ml große Einmachgläser:

- 400 g Tomaten
- 500 ml kalte selbstgemachte Gemüsebrühe
- 1 rote Paprika
- 1 halbe Salatgurke
- 2 Knoblauchzehen
- Salz
- Pfeffer

Zubereitung:

Schritt 1: Die grünen Stiele und holzigen Stellen der Tomaten mit einem Messer entfernen.

Schritt 2: Die Tomaten danach vierteln.

Schritt 3: Da Kerngehäuse der Tomaten entfernen und diese nach dem entfernen der weißen Häute nochmals zerkleinern.

Schritt 4: Die Gurke schälen und ebenfalls in Scheiben schneiden.

Schritt 5: Die Schalen der Knoblauchzehen mit den Fingern entfernen und diese mithilfe einer Presse zerkleinern.

Schritt 6: Alle Zutaten in einen Mixer geben und dort so lange vermengen bis keine einzelnen Stückchen mehr sichtbar sind. Nach Belieben mit Salz und Pfeffer abschmecken.

Schritt 7: Die zwei Gläser bereitstellen und darin die fertige Gazpacho aufteilen.

Schritt 8: Die Gläser bis zur Mittagspause im Firmenkühlschrank aufbewahren. Da es sich um eine kalte Suppe handelt muss kein Herd vor Ort vorhanden sein.

5. Minestrone

Schwierigkeitsgrad: Leicht

Zubereitungszeit: 15 Minuten

Zutaten für zwei 750 ml große Einmachgläser:

- 30 g Suppennudeln
- 60 g gegartes Rindfleisch
- 50 g Bohnen
- 50 g Zucchini
- 1 Schalotte
- 1 Tomate
- 4 EL selbstgemachte Brühe
- Salz
- Pfeffer

Zubereitung:

Schritt 1: Das gegarte Rindfleisch von Vortag würfeln.

Schritt 2: Die holzigen Enden der Bohnen entfernen.

Schritt 3: Die Zucchini in feine Würfel schneiden.

Schritt 4: Die holzigen Stellen der Tomaten entfernen und den Rest ebenfalls fein würfeln.

Schritt 5: Die Schalotte schälen und diese nach den halbieren ebenfalls fein würfeln.

Schritt 6: Die zwei Einmachgläser bereitstellen und alle Zutaten jeweils zu 50 % darauf verteilen.

Schritt 7: Die Einmachgläser verschießen und mit ins Büro nehmen.

Schritt 8: Dort einfach Wasser im Teekocher erhitzen und das Einmachglas damit füllen bis alle Zutaten bedeckt sind.

Schritt 9: Für etwa 10 Minuten ziehen lassen und danach noch warm genießen.

5 herzhafte Brotrezepte schnell selbst gemacht

Mit der Zubereitung dieser herzhaften Brotrezepte wird der Beweis angetreten, dass frisches Brot gut auf alle Zusatz- und Geschmacksstoffe verzichten kann. Stattdessen verteilt sich der Geruch des gebackenen Brotes in der ganzen Wohnung und lädt zu gesunden Mahlzeiten ein.

1. Käsebrot

Schwierigkeitsgrad: Leicht

Zubereitungszeit: 40 Minuten

Zutaten für ein Laib Brot:

- 500 g Mehl
- 250 g geriebener Gouda
- 400 ml Milch
- 1 Päckchen Backpulver

Zubereitung:

Schritt 1: Alle Zutaten in eine Schüssel geben und zu einem glatten Teig mischen.

Schritt 2: Eine Kastenform ausfetten und mit dem Teig befüllen

Schritt 3: Den Ofen auf 180° C vorheizen.

Schritt 4: Das Brot für 35 Minuten backen

Schritt 5: Etwa 5 Minuten vor Ende der Backzeit kann das Brot noch mit ein wenig Käse bestreut werden.

Tipp

Wer es gerne noch ein wenig würziger mag, kann zusätzlich geröstete Zwiebel oder Speckwürfel in den Teig mischen.

2. Lauchbrot

Schwierigkeitsgrad: Leicht

Zubereitungszeit: 60 Minuten

Zutaten für ein Laib Brot:

- 350 g Mehl
- 100 g Sonnenblumenkerne
- 150 g Lauch
- 25 g Butter
- 180 ml Wasser
- 1 Päckchen Hefe
- 1 TL Salz

Zubereitung:

Schritt 1: Den Lauch in Ringe schneiden und in Butter anbraten

Schritt 2: Mehl, Hefe und Wasser in einer Schüssel vermengen und für 15 Minuten ruhen lassen.

Schritt 3: Nun alle Zutaten zusammen hinzufügen und zu einem Teig mischen.

Schritt 4: Backblech mit Backpapier auslegen und anschließend den Teig zu einem Brotlaib formen und darauf legen.

Schritt 5: Das Brot bei 200 Grad für 35 Minuten backen.

Schritt 6: Das Brot etwa abkühlen lassen, jedoch noch lauwarm genießen.

3. Olivenbrot

Schwierigkeitsgrad: Leicht

Zubereitungszeit: 60 Minuten

Zutaten für ein Laib Brot:

- 800 g Vollkornmehl
- 400 g schwarze Oliven
- 500 ml Wasser
- 100 ml Öl
- 2 Päckchen Hefe
- 1 TL Salz
- Mediterrane Kräuter nach Belieben

Zubereitung:

Schritt 1: Mehl, Salz, Hefe und Wasser in einer Schüssel vermengen und für 10 Minuten ruhen lassen.

Schritt 2: Die Oliven in dünne Scheiben schneiden und zusammen mit den übrigen Zutaten vermengen.

Schritt 3: Bei Bedarf noch etwas Mehl hinzufügen, da

die Oliven zusätzliche Flüssigkeit abgeben.

Schritt 4: Den Teig entweder zu einem großen Laib oder mehreren Brötchen formen und auf ein mit Backpapier ausgelegtes Backblech geben.

Schritt 5: Bei 200 ° C für 25 Minuten backen.

Schritt 6: Vor dem Verzehr etwas abkühlen lassen.

4. Zwiebelbrot

Schwierigkeitsgrad: Leicht

Zubereitungszeit: 60 Minuten

Zutaten für ein Laib Brot:

- 500 g Vollkornmehl
- 3 rote Zwiebeln
- 150 ml Wasser
- 75 ml Öl
- 1 Päckchen Hefe
- 1 TL Salz

Zubereitung:

Schritt 1: Mehl, Wasser, Salz und Hefe in einer Schüssel verrühren und anschließend für 10 Minuten ruhen lassen.

Schritt 2: Nun die Zwiebeln würfeln und in einer heißen Pfanne glasig anbraten.

Schritt 3: Zwiebeln und übrige Zutaten zu einem festen Teig vermengen

Schritt 4: Zu einem Brotlaib formen und anschließend auf ein Backblech, dass mit Backpapier ausgelegt wurde geben.

Schritt 5: Bei 180 Grad für etwa 30 Minuten backen.

Schritt 6: Vor dem Verzehr etwa abkühlen lassen.

Tipp

Dieses Rezept kann auch mit Käse, Speck oder anderen herzhaften Zutaten erweitert werden.

5. Kürbiskernbrot mit Speckwürfeln

Schwierigkeitsgrad: Leicht

Zubereitungszeit: 55 Minuten

Zutaten für ein Laib Brot:

- 500 g Vollkornmehl
- 100 g Kürbiskerne
- 100 g Speckwürfel
- 150 ml Wasser
- 50 ml Olivenöl
- 1 Päckchen Hefe
- 1 TL Salz

Zubereitung:

Schritt 1: Hefe, Mehl, Salz und Wasser in eine Schüssel geben, verrühren und anschließend zugedeckt für 10 Minuten ruhen lassen.

Schritt 2: Die Speckwürfel in einer Pfanne ohne Öl kurz ein wenig anrösten.

Schritt 3: Nun die Speckwürfel und die restlichen

Zutaten unter den Teig heben und alles gut durchkneten.

Schritt 4: Den Teig in eine ausgefettete Kastenform geben und den Ofen auf 170° C vorheizen.

Schritt 5: Anschließend das Brot für 30 Minuten backen.

Schritt 6: Vor dem Verzehr das Brot etwas auskühlen lassen.

Tipp

Wer es besonders herzhaft mag, sollte das Brot etwa 10 Minuten vor Ende der Backzeit mit etwas Käse bestreuen.

5 süße Brotrezepte für das Frühstück mit der ganzen Familie

Süßes Brot pur oder mit Marmelade ist ein Genuss dem nicht nur die jüngsten Familienmitglieder nicht widerstehen werden. Leicht abzuwandeln ist es ein Kinderspiel die eigenen Lieblingszutaten zu ergänzen.

1. Quarkstuten

Schwierigkeitsgrad: Leicht

Zubereitungszeit: 60 Minuten

Zutaten für ein Laib Brot:

- 500 g Mehl
- 300 g Quark
- 125 g Zucker
- 50 ml Öl
- 50 ml Milch
- 1 Ei

- 1 Päckchen Backpulver

Zubereitung:

Schritt 1: Alle Zutaten in eine Schüssel geben

Schritt 2: Die Zutaten vermengen und zu einem festen Teig kneten

Schritt 3: Ein Blech mit Backpapier auslegen und den Ofen auf 180 Grad vorheizen

Schritt 4: Den Teig zu einem Laib formen und auf das Backblech legen. Anschließend für rund 45 Minuten backen

Schritt 5: Nach dem Backen sollte das Brot für einige Minuten ruhen gelassen werden, um abzukühlen.

Tipp

Wer möchte kann gehackte Haselnüsse, Mandeln oder Cranberries hinzufügen.

2. Kokosbrot mit Marmeladenfüllung

Schwierigkeitsgrad: Leicht

Zubereitungszeit: 40 Minuten

Zutaten für ein Laib Brot:

- 200 g Quark
- 8 EL Kokosöl
- 80 g Zucker
- 1 Vanilleschote
- 350 g Mehl
- 1 Päckchen Backpulver
- 1 Eigelb
- 8 EL Milch
- 8 EL Kokosflocken
- Marmelade

Zubereitung:

Schritt 1: Quark, Mehl, Öl, das Mark der Vanilleschote, die Kokosraspeln, das Backpulver und 6 TL Milch zu einem glatten Teig kneten.

Schritt 2: Eigelb und die restliche Milch vermengen

Schritt 3: Eine kleine Menge Teig zurückbehalten und den Rest zu einem Brotlaib formen und auf ein Backblech legen.

Schritt 4: In die Mitte des Brotlaibs wird nun eine längliche Kuhle gedrückt, welche mit ein bis zwei EL Marmelade gefüllt und anschließend mit dem übrigen Teig verschlossen wird.

Schritt 5: Anschließend mit der Mischung aus Eigelb und Milch bestreichen und im auf 190° C vorgeheiztem Ofen für 25 bis 30 Minuten backen.

Schritt 6: Vor dem Verzehr das Brot zuerst etwas abkühlen lassen.

Tipp

Die Marmelade kann je nach Belieben gewählt werden, dass Brot schmeckt aber auch sehr gut, wenn dieser Schritt ausgelassen wird.

3. Apfelbrot

Schwierigkeitsgrad: Leicht

Zubereitungszeit: 80 Minuten

Zutaten für ein Laib Brot:

- 450 g Äpfel
- 300 g Mehl
- 200 g Zucker
- 100 g Butter
- 100 g Schmand
- 2 Eier
- 1 Vanilleschote
- 1 Päckchen Backpulver
- 2 EL Zitronensaft
- 1 TL Zimt

Zubereitung:

Schritt 1: Die Äpfel schälen, das Kerngehäuse entfernen und in mundgerechte Stücke schneiden

Schritt 2: Das Vanillemark aus der Schote kratzen

und zusammen mit dem Zimt, Zitronensaft und 1 TL Zucker mit den Äpfeln vermengen

Schritt 3: Die Butter zunächst in einem Topf lösen und anschließend mit dem restlichen Zucker, Eiern und eventuell einer Prise Salz zu einer schaumigen Masse vermengen. Anschließend das Mehl, Backpulver und den Schmand hinzugeben und zu einem glatten Teig verstreichen.

Schritt 4: Nun werden die eingelegten Apfelstücke mit dem Teig vermischt und in eine Kastenform gegeben. Bei 180 Grad sollte das Brot etwa 45 Minuten backen.

Schritt 5: Nach dem Backen etwas abkühlen lassen und noch warm servieren.

Tipp

Das gleiche Rezept kann auch anstelle von Äpfeln mit Möhren verwendet werden, wobei dann auch etwas Muskat hinzugegeben werden sollte.

4. Bananenbrot

Schwierigkeitsgrad: Leicht

Zubereitungszeit: 45 Minuten

Zutaten für ein Laib Brot:

- 5 Bananen
- 500 g Mehl
- 125 ml Öl
- 2 Eier
- 1 Päckchen Backpulver
- 1 Vanilleschote
- 1 EL Zucker
- 1 TL Salz
- 2 EL Milch

Zubereitung:

Schritt 1: Die Bananen schälen und mit dem Mixstab passieren

Schritt 2: Das Mark aus der Vanilleschote lösen

Schritt 3: Das Vanillemark und alle weiteren Zutaten

in einer Schüssel vermengen und anschließend das Bananenpürree unterheben.

Schritt 4: Den fertigen Teig glattrühren und in eine Kastenform geben.

Schritt 5: Bei 190 Grad für etwa 40 Minuten backen.

Schritt 6:

Schritt 7:

Tipp

Wer mag kann noch Nüsse oder Blaubeeren hinzufügen und das Brot anschließend mit Puderzucker bestreuen.

5. Hefezopf

Schwierigkeitsgrad: Leicht

Zubereitungszeit: 60 Minuten + 3 Stunden Ruhezeit

Zutaten für ein Laib Brot:

- 500g Mehl
- 125 g Zucker
- 75 g Butter
- 250 ml Milch
- 1 TL Salz
- 1 Päckchen Hefe

Zubereitung:

Schritt 1: Das Mehl in eine Schüssel geben und mit Milch, Zucker und Hefe vermengen. Anschließend für 20 Minuten ruhen lassen.

Schritt 2: Nach dem Ruhen den Teig kneten, die restlichen Zutaten dazu geben und noch einmal für 40 Minuten ruhen lassen.

Schritt 3: Anschließend den Teig in Zopfform bringen oder als Leib auf ein mit Backpapier ausgelegtes Blech legen und mit etwas Eigelb bestreichen.

Schritt 4: Bei 200 Grad für 25 Minuten im Ofen backen. Anschließend etwa eine Stunde warten, bis der Hefezopf komplett abgekühlt ist und pur oder mit Marmelade servieren.

10 Marmeladenrezepte von klassisch bis originell

Marmelade darf auf dem gedeckten Frühstückstisch einfach nicht fehlen. Dank der folgenden zehn Rezepte kommt in Zukunft die Abwechslung auf den selbst gebackenen Brot nie mehr zu kurz.

1. Erdbeermarmelade mit Vanille

Schwierigkeitsgrad: Leicht

Zubereitungszeit: 40 Minuten

Zutaten für vier 500 ml große Einmachgläser:

- 2 kg Erdbeeren
- 1 kg Gelierzucker 2:1
- 1 Zitrone
- 2 Vanilleschoten

Zubereitung:

Schritt 1: Die Erdbeeren waschen und die grünen Stiele und holzigen Enden mit einem Messer entfernen.

Schritt 2: Die Vanilleschoten halbieren und das Mark mit einem Messer halbieren.

Schritt 3: Die Zitrone halbieren und den Saft auspressen.

Schritt 4: Die Erdbeeren vierteln und in den Topf geben. Dort zusammen mit dem Zitronensaft und dem Vanillemark erhitzen.

Schritt 5: Portionsweise den Gelierzucker hinzufügen und das Rühren nicht vergessen.

Schritt 6: Mit einem Mixstab die Marmelade je nach der gewünschten Konsistenz zerkleinern.

Schritt 7: Die Marmelade auf die vier Gläser verteilen und die Deckel schließen.

Schritt 8: Die Marmelade ist problemlos ein Jahr oder sogar länger haltbar und wird schnell zu einem neuen Favoriten von Kindern und Erwachsenen.

2. Himbeermarmelade

Schwierigkeitsgrad: Leicht

Zubereitungszeit: 40 Minuten

Zutaten für vier 500 ml große Einmachgläser:

- 2 kg Himbeeren
- 1 kg Gelierzucker 2:1
- 1 Zitrone

Zubereitung:

Schritt 1: Die Himbeeren in einem Sieb waschen und vorsichtig trocknen.

Schritt 2: Die Zitrone halbieren und den Saft auspressen.

Schritt 3: Einen Topf auf dem Herd bereitstellen und darin die Himbeeren und den Zitronensaft erwärmen.

Schritt 4: Portionsweise den Gelierzucker hinzufügen und das Rühren nicht vergessen.

Schritt 5: Mit einem Mixstab die Marmelade je nach

der gewünschten Konsistenz zerkleinern.

Schritt 6: Um die Kerne nicht mitessen zu müssen die Marmelade noch einmal durch ein Sieb streichen.

Schritt 7: Die Marmelade auf die vier Gläser verteilen und die Deckel schließen.

Schritt 8: Die Marmelade ist problemlos ein Jahr oder sogar länger haltbar und schmeckt sehr gut zu Pfannkuchen sowie zahlreichen anderen Mehlspeisen.

Tipp

Himbeeren eignen sich aufgrund der leichten Säure auch dafür sehr süßen Früchte wie Kirschen oder Äpfel eine weitere Geschmacksnote hinzuzufügen.

3. Pfirsichmarmelade mit Kirschen

Schwierigkeitsgrad: Leicht

Zubereitungszeit: 40 Minuten

Zutaten für vier 500 ml große Einmachgläser:

- 1,5 kg Pfirsiche
- 500 g Kirschen
- 1 kg Gelierzucker 2:1
- 1 Zitrone

Zubereitung:

Schritt 1: Die Zitrone halbieren und den Saft auspressen.

Schritt 2: Die Kirschen halbieren und den Stiel sowie die Kerne entfernen.

Schritt 3: Die Pfirsiche halbieren, die Kerne entfernen und die Hälften nochmals in vier Teile schneiden.

Schritt 4: Einen Topf auf dem Herd bereitstellen und darin die Kirschen, die Pfirsichstücke und den Zitronensaft erwärmen.

Schritt 5: Portionsweise den Gelierzucker hinzufügen und das Rühren nicht vergessen.

Schritt 6: Mit einem Mixstab die Marmelade je nach der gewünschten Konsistenz zerkleinern. Dies sorgt bei dieser Marmelade dafür die Haut der Pfirsiche zu zerkleinern, so das diese den Genuss nicht stören.

Schritt 7: Die Marmelade auf die vier Gläser verteilen und die Deckel schließen.

Schritt 8: Die Marmelade ist problemlos ein Jahr oder sogar länger haltbar und schmeckt besonders gut auf frisch gebackenem Brot.

4. Zwetschgenmarmelade mit Marzipan

Schwierigkeitsgrad: Leicht

Zubereitungszeit: 25 Minuten

Zutaten für vier 500 ml große Einmachgläser:

- 2 kg Zwetschgen
- 1 kg Gelierzucker 2:1
- 100 g Marzipanrohmasse
- 1 Limette

Zubereitung:

Schritt 1: Die Zwetschgen halbieren und den Kern entfernen. Die Hälften danach nochmals in vier Teile schneiden.

Schritt 2: Die Marzipanrohmasse mit den Fingern in kleine Stücke reißen.

Schritt 3: Die Limette halbieren und den Saft auspressen.

Schritt 4: Einen Topf auf dem Herd bereitstellen und darin die Zwetschgen, die Marzipanrohmasse und den Limettensaft erwärmen.

Schritt 5: Portionsweise den Gelierzucker hinzufügen und das Rühren nicht vergessen.

Schritt 6: Mit einem Mixstab die Marmelade je nach der gewünschten Konsistenz zerkleinern. Dies sorgt bei dieser Marmelade dafür die Haut der Zwetschgen ebenfalls zu zerkleinern, um eine schönere Konsistenz der Marmelade zu erreichen.

Schritt 7: Die Marmelade auf die vier Gläser verteilen und die Deckel schließen.

Schritt 8: Die Marmelade ist problemlos ein Jahr oder sogar länger haltbar und ist sowohl auf Brot als auch zu Pfannkuchen und Co ein großer Genuss.

Tipp

Mit einer Prise Zimt ist diese Marmelade ein perfekter Brotaufstrich für den Advent, da die Zutaten perfekt auf die kommenden Feiertage einstimmen.

5. Johannisbeergelee

Schwierigkeitsgrad: Leicht

Zubereitungszeit: 30 Minuten

Zutaten für vier 500 ml große Einmachgläser:

- 2 kg rote Johannisbeeren
- 2 Zitronen
- 1 kg Gelierzucker 2:1

Zubereitung:

Schritt 1: Die Johannisbeeren in einem Entsafter zu Saft verarbeiten.

Schritt 2: Die Zitronen halbieren und den Saft auspressen.

Schritt 3: Johannisbeeren und Zitronensaft in einen Topf geben und dort erhitzen.

Schritt 4: Portionsweise den Gelierzucker hinzufügen.

Schritt 5: Je nach Menge des enthaltenen Saftes noch weiteren Gelierzucker hinzufügen, damit auch wirklich ein streichfestes Gelee entsteht.

Schritt 6: Das Gelee auch die vier Gläser verteilen.

Schritt 7: Den Deckel fest verschließen und in den Vorratsraum stellen. Dieses leckere Gelee eignet sich auch perfekt zum Backen etwa für alle Plätzchen mit Gelee.

6. Blaubeermarmelade mit Brombeeren

Schwierigkeitsgrad: Leicht

Zubereitungszeit: 30 Minuten

Zutaten für vier 500 ml große Einmachgläser:

- 1,5 kg Blaubeeren
- 500 g Brombeeren
- 1 Zitrone
- 1 kg Gelierzucker 2:1

Zubereitung:

Schritt 1: Die Zitrone halbieren und danach den Saft auspressen.

Schritt 2: Blaubeeren, Brombeeren und Zitronensaft in einen Topf geben und dort erhitzen.

Schritt 3: Portionsweise den Gelierzucker hinzufügen.

Schritt 4: Eine Mixstab zur Hand nehmen und die Beeren noch mehr zerkleinern

Schritt 5: Die Marmelade durch ein Sieb pressen, um

die Kerne aus der Marmelade zu verbannen.

Schritt 6: Das Gelee auch die vier Gläser verteilen.

Schritt 7: Den Deckel fest verschließen und in den Vorratsraum stellen. Diese Marmelade ist sehr lecker zu Pfannkuchen und Waffeln.

7. Stachelbeermarmelade

Schwierigkeitsgrad: Leicht

Zubereitungszeit: 30 Minuten

Zutaten für vier 500 ml große Einmachgläser:

- 2 kg Stachelbeeren
- 1 kg Gelierzucker 2:1
- 1 Zitrone

Zubereitung:

Schritt 1: Die holzigen Enden der Stachelbeeren entfernen.

Schritt 2: Die Zitrone halbieren und den Saft auspressen.

Schritt 3: Stachelbeeren und Zitronensaft in einen Topf geben und dort erhitzen.

Schritt 4: Portionsweise den Gelierzucker hinzufügen.

Schritt 5: Einen Mixstab zur Hand nehmen und die Beeren noch weiter zerkleinern, um die Marmelade streichfähiger zu machen.

Schritt 5: Die Marmelade durch ein Sieb pressen, um die Marmelade ohne Kerne zu genießen.

Schritt 6: Die Marmelade auf die vier Gläser verteilen.

Schritt 7: Den Deckel fest verschließen und in den Vorratsraum stellen. Diese Marmelade ist sehr lecker auf süßen Broten.

Tipp

Stachelbeeren sind in den letzten Jahren etwas in Vergessenheit geraten. Wer die Chance hat, sollte es sich nicht entgehen lassen diesen Geschmack noch einmal neu zu entdecken.

8. Rotes Traubengelee

Schwierigkeitsgrad: Leicht

Zubereitungszeit: 20 Minuten

Zutaten für vier 500 ml große Einmachgläser:

- 2 kg rote Trauben
- 1 kg Gelierzucker 2:1
- 1 Zitrone

Zubereitung:

Schritt 1: Die roten Trauben in einem Entsafter zu Saft verarbeiten.

Schritt 2: Die Zitrone halbieren und den Saft auspressen.

Schritt 3: Den roten Traubensaft und Zitronensaft in einen Topf geben und dort erhitzen.

Schritt 4: Portionsweise den Gelierzucker hinzufügen.

Schritt 5: Je nach Menge des enthaltenen Saftes noch weiteren Gelierzucker hinzufügen, um sicherzustellen, dass das Gelee streichfest wird.

Schritt 6: Das Gelee auf die vier Gläser verteilen.

Schritt 7: Den Deckel fest verschließen und in den

Vorratsraum stellen. Dieses leckere Gelee ist perfekt für die Kombination mit selbgemachter Erdnussbutter.

Tipp

Zur Herstellung von Marmelade sollten kernlose Weintrauben bevorzugt werden, da die Kerne somit nicht im Entsafter zerkleinert werden und sich später in der Marmelade wiederfinden.

9. Orangen-Ingwergelee

Schwierigkeitsgrad: Leicht

Zubereitungszeit: 25 Minuten

Zutaten für vier 500 ml große Einmachgläser:

- 2,5 kg Orangen
- 1 kg Gelierzucker 2:1
- 20 g Ingwer

Zubereitung:

Schritt 1: Die Schale von zwei Orangen dünn abreiben.

Schritt 2: Die gesamten Orangen nun halbieren und auspressen.

Schritt 3: Den Ingwer schneiden und diesen sehr stark zerkleinern.

Schritt 3: Den Orangensaft, den Abrieb der Schale und den Ingwer in einen Topf geben und dort erhitzen.

Schritt 4: Portionsweise den Gelierzucker hinzufügen.

Schritt 5: Je nach Menge des enthaltenen Saftes noch weiteren Gelierzucker hinzufügen, um sicherzustellen, dass das Gelee streichfest wird.

Schritt 6: Das Gelee auf die vier Gläser verteilen.

Schritt 7: Den Deckel fest verschließen und in den Vorratsraum stellen. Dieses leckere Gelee ist die perfekte Erinnerung an den letzten Urlaub in Großbritannien.

10. Apfel-Birnenmarmelade

Schwierigkeitsgrad: Leicht

Zubereitungszeit: 50 Minuten

Zutaten für vier 500 ml große Einmachgläser:

- 1 kg Äpfel
- 1 kg Birnen
- 1 kg Gelierzucker 2:1
- 1 Zitrone

Zubereitung:

Schritt 1: Die Äpfel und Birnen schälen und vierteln. Danach das Kerngehäuse und die holzigen Stellen komplett entfernen.

Schritt 2: Die Fruchtstückchen danach noch kleiner schneiden, um die Herstellung der Marmelade zu vereinfachen.

Schritt 3: Die Zitrone halbieren und den Saft auspressen.

Schritt 4: Äpfel, Birnen und Zitronensaft in einen Topf geben und dort erhitzen.

Schritt 5: Portionsweise den Gelierzucker hinzufügen.

Schritt 6: Einen Mixstab zur Hand nehmen und die Früchte nochmals zerkleinern bis die gewünschte Konsistenz erreicht ist.

Schritt 7: Die fertige Marmelade auf die vier Gläser verteilen.

Schritt 8: Den Deckel fest verschließen und in den Vorratsraum stellen. Diese Marmelade ist sehr lecker zu Pfannkuchen und Waffeln.

5 herzhafte Brotaufstriche garantieren Abwechslung auf dem Brot

Mit einem herzhaften Brotaufstrich in den Tag zu starten gibt auch für stressige Tage ausreichend Energie. Viele der vorgestellten Rezepte eignen sich auch als Dips für Kräcker oder Gemüsestäbchen.

1. Erbsenaufstrich mit Meersalz und Pfeffer

Schwierigkeitsgrad: Einfach

Zubereitungszeit: 15 Minuten

Zutaten für vier Personen:

- 200 g Erbsen
- 75 g Sonnenblumenkerne
- 1 Bund Petersilie
- 2 EL Zitronensaft
- 2 EL Olivenöl
- Meersalz
- frisch gemahlener schwarzer Pfeffer

Zubereitung:

Schritt 1: Die Petersilie bei Bedarf waschen und mit einer Salatschleuder trocknen.

Schritt 2: Erbsen, Sonnenblumenkerne, Petersilie sowie Zitronensaft und Olivenöl in einen Mixer geben und dort auf höchster Stufe zu einer feinen Creme verkleiner.

Schritt 3: Die Creme in eine Schüssel geben und dort mit dem Meersalz und dem frisch gemahlenen Pfeffer abschmecken.

Schritt 4: Zeitnah servieren oder im Kühlschrank lagern.

Tipp

Diese Creme eignet sich ebenfalls sehr gut für Wraps oder als Dips für Tortillachips.

2. Frischkäse mit getrockneten Tomaten und Oliven

Schwierigkeitsgrad: Leicht

Zubereitungszeit: 10 Minuten

Zutaten für vier Personen:

- 150 g Frischkäse
- 75 g getrocknete Tomaten
- 50 g schwarze Oliven
- Salz
- Frisch gemahlener Pfeffer

Zubereitung:

Schritt 1: Die Tomaten mit einem Messer fein hacken.

Schritt 2: Nun die Oliven in feine Ringe schneiden.

Schritt 3: Eine Schüssel bereitstellen und darin den Frischkäse mit den Tomaten und den Oliven vermengen.

Schritt 4: Nach Belieben mit Salz und Pfeffer abschmecken.

Schritt 5: Entweder sofort servieren oder im Kühlschrank aufbewahren.

3. Thunfischcreme mit Kapern

Schwierigkeitsgrad: Leicht

Zubereitungszeit: 15 Minuten

Zutaten für vier Personen:

- 1 Dose Thunfisch
- 75 g Staudensellerie
- 5 EL Mayonnaise
- 1 EL Kapern
- 1 EL frisch gehackter Schnittlauch
- Meersalz
- Frisch gemahlener Pfeffer

Zubereitung:

Schritt 1: Den Staudensellerie in sehr feine Ringe schneiden.

Schritt 2: In einer Schüssel den Thunfisch mit der Mayonnaise und der Hilfe eines Mixstabs zu einer feinen Creme verarbeiten.

Schritt 3: Die Creme mit dem Kapern, dem vorbereiteten Staudensellerie und dem Schnittlauch vermengen.

Schritt 4: Nach Belieben mit dem Meersalz und dem frisch gemahlenen Pfeffer abschmecken.

Schritt 5: Entweder zeitnah genießen oder im Kühlschrank aufbewahren.

Tipp

Wer keine Kapern mag, kann diese einfach weglassen und zum Beispiel gegen grüne Pfefferkörner ersetzen.

4. Veganer Zwiebelschmalz

Schwierigkeitsgrad: Leicht

Zubereitungszeit: 20 Minuten + Zeit zum Abkühlen

Zutaten für vier Personen:

- 200 g Kokosfett
- 1 Bund Frühlingszwiebeln
- 30 g geröstete Zwiebeln
- Salz
- Frisch gemahlener Pfeffer

Zubereitung:

Schritt 1: Die Enden der Frühlingszwiebeln abschneiden und im Anschluss die übrigen Stangen in feine Ringe schneiden.

Schritt 2: Das Kokosfett in einem kleinen Topf langsam schmelzen lassen.

Schritt 3: Das geschmolzene Fett mit den Frühlingszwiebeln und den gerösteten Zwiebeln vermengen.

Schritt 4: Die Masse in ein Einmachglas füllen und dort erkalten lassen.

Schritt 5: Während des Abkühlens immer wieder

schütteln, damit die Zwiebeln nicht nur am Boden zu finden sind.

Tipp

Dieser Brotaufstrich kann problemlos auch mit roten Zwiebeln oder Schnittlauch zubereitet werden. Experimentieren mit den eigenen Lieblingszutaten lohnt sich also. Für eine süße Note sorgen zum Beispiel Birnen.

5. Cashewaufstrich mit Bärlauch

Schwierigkeitsgrad: Leicht

Zubereitungszeit: 15 Minuten

Zutaten für vier Personen:

- 125 g ungesalzene Cashews
- 100 g Kräuterfrischkäse
- 2 EL gehackter Bärlauch
- Salz
- Frisch gemahlener Pfeffer

Zubereitung:

Schritt 1: Cashews, Frischkäse und Bärlauch in eine Schale geben und dort mit einem Mixstab fein pürieren.

Schritt 2: Wenn die Masse nicht streichfähig ist, kann noch etwas Zitronensaft hinzugefügt werden.

Schritt 3: Den Brotaufstrich mit Salz und Pfeffer würzen.

Schritt 4: Entweder zeitnah servieren oder bis zum Verzehr im Kühlschrank aufbewahren.

5 süße Brotaufstriche die jeder ganz einfach selbst herstellen kann

Süße Brotaufstriche sind der beste Beweis, dass es sich lohnt der selbst gemachten Marmelade auch einmal untreu zu werden. Die vorgestellten Rezepte dienen zudem als Basis in Zukunft auch selbst in der Küche zu experimentieren.

1. Lavendelhonig

Schwierigkeitsgrad: Leicht

Zubereitungszeit: 5 Minuten + Zeit zum Aromatisieren

Zutaten für vier Personen:

- 200 g Honig
- 2 EL Lavendelblüten

Zubereitung:

Schritt 1: Einen Topf auf dem Herd bereitstellen und darin den Honig langsam bei geringen Temperaturen erwärmen.

Schritt 2: Nun die Lavendelblüten hinzufügen und für etwa fünf Minuten bei gleicher Temperatur köcheln lassen.

Schritt 3: Den Honig in ein Glas füllen und für ca. eine Woche ziehen lassen.

Schritt 4: Wer den Honig lieber ohne die Blüten essen möchte, lässt diesen durch ein Sieb fließen, um die Blüten zu entfernen.

Tipp

Dieser Honig kann mit zahlreichen Zutaten zubereitet werden. Diese sollten jedoch alle essbar sein, um keine gesundheitlichen Nachteile durch den Verzehr zu erleiden.

2. Avocado-Marzipancreme

Schwierigkeitsgrad: Leicht

Zubereitungszeit: 20 Minuten

Zutaten für vier Personen:

- 1 Avocado
- 75 g Marzipan
- Mandelmilch

Zubereitung:

Schritt 1: Die Avocado halbieren und vorsichtig den Kern entfernen.

Schritt 2: Im Anschluss das Fruchtfleisch mit einem Löffel auslösen und in eine Schüssel geben.

Schritt 3: Das Marzipan würfeln und ebenfalls hinzufügen.

Schritt 4: Etwa 100 ml Mandelmilch hinzufügen und mit einem Mixstab pürieren.

Schritt 5: Eventuell noch etwa Mandelmilch hinzufügen damit eine streichfeste Masse entsteht.

Schritt 6: Diese schnell verbrauchen oder im Kühlschrank lagern.

3. Frischkäse mit Waldbeeren

Schwierigkeitsgrad: Leicht

Zubereitungszeit: 15 Minuten

Zutaten für vier Personen:

- 150 g Frischkäse
- 100 g Beeren nach Wahl

Zubereitung:

Schritt 1: Die Waldbeeren fein pürieren.

Schritt 2: Danach die Beeren durch ein feines Sieb laufen lassen, um die Kerne und andere grobe Stücke zu entfernen.

Schritt 3: Frischkäse und Beeren mischen, so dass eine streichfähige Masse entsteht.

Schritt 4: Je nach Süße der Früchte entweder etwas Honig oder auch Agavendicksaft hinzufügen.

Tipp

Wer sich das Pürieren ersparen möchte, kann die

Beeren auch auf einer Schicht Frischkäse auf dem Brot erteilen. Das erlaubt es zudem für Kinder lustige Gesichter auf das Brot zu zaubern.

4. Frischkäse mit Datteln und Walnüssen

Schwierigkeitsgrad: Leicht

Zubereitungszeit: 10 Minuten

Zutaten für vier Personen:

- 150 g Frischkäse
- 75 getrocknete Datteln
- 50 g Walnusskerne
- Honig

Zubereitung:

Schritt 1: Die Datteln in feine Stücke hacken.

Schritt 2: Die Walnusskerne ebenfalls fein hacken.

Schritt 3: Die vorbereiteten Datteln und Walnüsse in einer Schüssel mit dem Frischkäse vermengen.

Schritt 4: Etwas Honig darauf verteilen und entweder sofort servieren oder im Kühlschrank lagern.

5. Bananen-Mandelaufstrich

Schwierigkeitsgrad: Leicht

Zubereitungszeit: 10 Minuten

Zutaten für vier Personen:

- 2 reife Bananen
- 1 Vanilleschote
- 75 g Mandelblättchen
- Mandelmilch

Zubereitung:

Schritt 1: Die Bananen schälen und in Stücke schneiden.

Schritt 2: Die Vanilleschote halbieren und das Mark mit einem Messer auslösen.

Schritt 3: Die Mandelblättchen hinzufügen und alles mit der Hilfe eines Mixstabes vermengen.

Schritt 4: Bei Bedarf etwas Mandelmilch hinzufügen, um die Masse streichfähiger zu machen.

Schritt 5: Den süßen Brotaufstrich entweder sofort genießen oder im Kühlschrank aufbewahren.

5 Rezepte frisch aus dem Fleischwolf

Der eigene Fleischwolf war früher ein Standard in jeder Küche. Die fünf vorgestellten Rezepte zeigen, warum es sich lohnt diese Tradition wieder aufleben zu lassen.

1. Hackbraten

Schwierigkeitsgrad: Leicht

Zubereitungszeit: 60 Minuten

Zutaten für vier Personen:

- 300 g Rindfleisch
- 200 g Schweinefleisch
- 1 Ei
- Paniermehl
- 2 EL frisch gehackte Petersilie
- 1 TL mittelscharfer Senf
- Paprikapulver
- Salz

- Frisch gemahlener Pfeffer

Zubereitung:

Schritt 1: Das Rindfleisch und Schweinefleisch gemeinsam in den Fleischwolf geben und dort zu Hackfleisch verarbeiten.

Schritt 2: Das Hackfleisch in eine Schüssel füllen und in die Mitte eine kleine Kuhle formen.

Schritt 3: Das Ei dort hineingeben sowie etwa 2 EL Paniermehl und die übrigen Gewürze.

Schritt 4: Mit den Händen gut vermengen.

Schritt 5: Zu einem Hackbraten entweder mit den Händen formen oder in einer ausgefetteten Form glatt verstreichen.

Schritt 6: Das Fleisch in den Ofen geben und dort bei 200° C für etwa 35 bis 40 Minuten garen.

Schritt 7: Als Beilagen können zum Beispiel Kartoffeln und dunkle Saucen zubereitet werden.

2. Bratwurst

Schwierigkeitsgrad: Mittel

Zubereitungszeit: 45 Minuten

Zutaten für vier Personen:

- 500 g Schweinefleisch
- 250 g Speck
- 1 EL frisch gehackte Petersilie
- 1 EL frisch gehackter Schnittlauch
- 2 Knoblauchzehen
- Salz
- Frisch gemahlener Pfeffer
- Schweinedarm

Zubereitung:

Schritt 1: Eine Schüssel bereitstellen und darin alle Zutaten bis auf den Schweinedarm vermengen. Die Knoblauchzehen zuvor aus der Schale lösen und mit einer Presse zerkleinern.

Schritt 2: Den Inhalt der Schüssel jetzt im Fleischwolf zerkleinern.

Schritt 3: Für das Befüllen des Schweinedarms diesen direkt über die untere Öffnung des Fleischwolfes geben.

Schritt 4: Das Fleisch dort einfüllen und etwa nach 15 cm durch mehrmaliges drehen abbinden.

Schritt 5: Die Enden abschneiden und die getrennten Bratwürste in der Pfanne oder auf dem Grill anbraten.

Schritt 6: Hierzu schmeckt ein Salat oder auch ein Kräuterbutterbaguette.

Tipp

Wer zum ersten Mal Bratwurst selbst herstellt, sollte etwas Zeit zum Üben einplanen. Klappt es überhaupt nicht, kann die Masse ebenfalls zu kleinen Bällchen geformt und in der Pfanne angebraten werden.

3. Leberkäse

Schwierigkeitsgrad: Mittel

Zubereitungszeit: 60 Minuten

Zutaten für vier Personen:

- 600 g Schweinefleisch
- 400 g Schweinebauch
- 1 TL gemahlener Majoran
- 1 TL gemahlener Thymian
- 1 TL gemahlener Ingwer
- Salz
- Weißer Pfeffer

Zubereitung:

Schritt 1: Das Fleisch und den Schweinebauch zunächst würfeln und mit den Gewürzen vermengen.

Schritt 2: Das Fleisch zweimal durch den Fleischwolf drehen.

Schritt 3: Die Masse mit einem Mixstab nochmals vorsichtig zerkleinern, sodass möglichst wenig Hitze entsteht.

Schritt 4: Die Leberkäsemasse in einer eingefetteten Form verstreichen und leicht andrücken um Luftblasen zu entfernen.

Schritt 5: Den Leberkäse in dem auf 200°C vorgeheizten Ofen für 40 bis 45 Minuten garen.

Schritt 6: Auf Portionen aufteilen und zum Beispiel als Leberkäsesemmel oder mit einem Kartoffelsalat genießen.

4. Fischfrikadellen

Schwierigkeitsgrad: Leicht

Zubereitungszeit: 30 Minuten

Zutaten für vier Personen:

- 500 g Fischfilets
- 1 Ei
- Paniermehl
- 2 EL frisch gehackte Petersilie
- 1 Zwiebel
- 1 Knoblauchzehe
- Paprikapulver
- Salz
- Frisch gemahlener Pfeffer

Zubereitung:

Schritt 1: Die Fischfilets zuerst in Stücke schneiden und danach im Fleischwolf zerkleinern.

Schritt 2: Das Hackfleisch in eine Schüssel füllen und in die Mitte eine kleine Kuhle formen.

Schritt 3: Das Ei dort hineingeben sowie etwa 2 EL Paniermehl und die übrigen Gewürze.

Schritt 4: Nun den Knoblauch und die Zwiebel schälen und beide Zutaten sehr fein würfeln. Ebenfalls in die Schüssel geben.

Schritt 4: Mit den Händen alle Zutaten gut vermengen.

Schritt 5: Mit den Händen oder einer Form zu kleinen Fischfrikadellen formen.

Schritt 6: Die Pfanne mit etwas Öl auf dem Herd vorheizen und die Fischfrikadellen mit etwas Abstand zueinander von beiden Seiten goldbraun ausbacken.

5. Geflügelbratwurst

Schwierigkeitsgrad: Mittel

Zubereitungszeit: 45 Minuten

Zutaten für vier Personen:

- 600 g Geflügelfleisch
- 1 EL frisch gehackte Petersilie
- 1 EL frisch gehackter Majoran
- 1 EL frisch gehackter Kerbel
- 2 Knoblauchzehen
- 1 Zwiebel
- Salz
- Frisch gemahlener Pfeffer
- Schweinedarm

Zubereitung:

Schritt 1: Die Knoblauchzehen aus der Schale lösen und mit einer Presse zerkleinern.

Schritt 2: Die Zwiebel schälen und in sehr feine Würfel schneiden.

Schritt 3: Das Geflügelfleisch in grobe Stücke zerteilen.

Schritt 4: Eine Schüssel bereitstellen und darin alle Zutaten bis auf den Schweinedarm vermengen.

Schritt 5: Den Inhalt der Schüssel jetzt im Fleischwolf zerkleinern.

Schritt 6: Für das Befüllen des Schweinedarms diesen direkt über die untere Öffnung des Fleischwolfes geben.

Schritt 7: Die Masse dort einfüllen und etwa nach 15 cm durch mehrmaliges drehen abbinden.

Schritt 5: Die Enden abschneiden und die getrennten Geflügelbratwürste in der Pfanne oder auf dem Grill anbraten.

Tipp

Bei der Verwendung von Hähnchenfleisch werden die Bratwürste sehr saftig. Die Verwendung von Putenfleisch erfordert ein langsameres anbraten damit die Geflügelbratwürste nicht trocken werden.

5 Rezepte frisch aus dem Räucherofen

Räucheröfen sind heute in immer mehr Haushalten zu finden. Wer bisher noch über diesen Kauf grübelt, kann sich jetzt mit den vorgestellten fünf Rezepten für den Räucherofen nochmals von dessen Vorzügen überzeugen.

1. Geräucherte Forelle

Schwierigkeitsgrad: Mittel

Zubereitungszeit: 25 Minuten + Zeit zum Räuchern

Zutaten für vier Personen:

- 4 Forellen
- 50 g Salz
- 3 Lorbeerblätter
- 4 Wacholderbeeren

Zubereitung:

Schritt 1: Die Forellen bei Bedarf ausnehmen.

Schritt 2: Aus den übrigen Zutaten mit etwas Wasser eine Lake herstellen und die Forellen darin über Nacht einlegen.

Schritt 3: Die Fisch aus der Lake nehmen und etwa 30 Minuten trocknen lassen.

Schritt 4: Die Fisch dann einzeln in den Räucherofen geben und durch den Rauch von Buchenholz.

Schritt 5: Zwischen 30 und 60 Minuten räuchern und danach entweder noch warm genießen oder im Kühlschrank lagern.

2. Geräucherte Entenbrust

Schwierigkeitsgrad: Mittel

Zubereitungszeit: 50 Minuten

Zutaten für vier Personen:

- 2 Entenbrüste
- Zucker
- Orangensaft
- Salz
- Frisch gemahlener Pfeffer

Zubereitung:

Schritt 1: Die Haut der Entenbrüste kreuzförmig einschneiden. Das erleichtert es auch dem Rauch besser in das Fleisch einzudringen.

Schritt 2: Das Fleisch in den angeheizten Räucherofen geben und dort für etwa 25 bis 30 Minuten durch den Rauch vom Buchenholz räuchern.

Schritt 3: In der Zwischenzeit etwas Zucker mit Orangensaft in der Pfanne oder einem Topf einkochen lassen.

Schritt 4: Die Entenbrüste nach dem Räuchern mit der Reduktion auf der Hautseite einstreichen und im Anschluss mit Salz und Pfeffer bestreuen.

Schritt 5: In einer heißen Pfanne zuerst auf der Hautseite anbraten bis diese knusprig ist, dann nochmals zwei Minuten auf der anderen Seite garen.

Schritt 6: Die fertige Entenbrust in dünne Scheiben schneiden und zum Beispiel mit Klößen, Rotkohl und Sauce servieren.

Tipp

Werden zu den Entenbrüsten noch zahlreiche Beilagen gereicht sind zwei Entenbrüste ausreichend. Sind nur wenige Beilagen vorhanden sollte für jeden Gast eine eigene Entenbrust vorhanden sein.

3. Geräucherte Schweinshaxe

Schwierigkeitsgrad: Mittel

Zubereitungszeit: 20 Minuten + Zeit zum Räuchern

Zutaten für vier Personen:

- 4 Schweinehaxen
- Pfeffer
- Bier oder Gewürzlake zum Bepinseln des Fleisches

Zubereitung:

Schritt 1: Die Haxen entlang des Fleisches mehrfach einschneiden, um es dem Rauch zu erleichtern in alle Fleischfasern vorzudringen.

Schritt 2: Mit etwas Pfeffer würzen und in den Räucherofen geben.

Schritt 3: Dort für drei bis vier Stunden bei niedrigen Temperaturen belassen.

Schritt 4: Zwischendurch immer wieder mit Flüssigkeiten wie Bier einpinseln, damit das Fleisch schön saftig bleibt.

Schritt 5: Nach dem Räuchern ist das Fleisch bereits verzehrfertig und kann zum Beispiel mit Sauerkraut oder auch zahlreichen anderen Beilagen serviert werden.

4. Geräucherter Schinken

Schwierigkeitsgrad: Mittel

Zubereitungszeit: 40 Minuten + Zeit zum Marinieren und Zeit zum Räuchern

Zutaten für vier Personen:

- 1 kg Schweinenacken am Stück
- 1 Marinade nach Wunsch zum Beispiel Paprika, Kräuter oder Curry

Zubereitung:

Schritt 1: Das Fleisch in einer Schüssel oder einem Gefrierbeutel mit der ausgewählten Marinade vermengen.

Schritt 2: Über Nacht im Kühlschrank marinieren lassen.

Schritt 3: Den Schinken danach in den Räucherofen geben und dort je nach Dicke des Fleisches für drei bis vier Stunden marinieren.

Schritt 4: Das Fleisch danach etwa abkühlen lassen und die ersten Scheiben abschneiden.

Schritt 5: Dieses Gericht eignet sich als Hauptmahlzeit ebenso wie zum Belegen von Sandwiches oder als Snack.

Tipp

Dieses Gericht kann ganz nach dem eigenen Geschmack zubereitet werden. Hierfür kann der Schinken auch mit zwei Marinaden bestrichen werden. So müssen in Familien mit unterschiedlichen Geschmäckern nicht zwei verschiedene Schinken zubereitet werden.

5. Geräucherte Makrele

Schwierigkeitsgrad: Mittel

Zubereitungszeit: 30 Minuten + Zeit zum Marinieren und Zeit zum Räuchern

Zutaten für vier Personen:

- 4 Makrelen
- 50 g Salz
- 3 Lorbeerblätter
- 4 Wacholderbeeren
- Wasser

Zubereitung:

Schritt 1: Die Makrelen bei Bedarf ausnehmen.

Schritt 2: Aus den übrigen Zutaten mit etwas Wasser eine Lake herstellen und die Makrelen darin über Nacht einlegen.

Schritt 3: Die Fische aus der Lake nehmen und etwa 1 Stunde trocknen lassen.

Schritt 4: Die Fisch dann einzeln in den Räucherofen

geben und durch den Rauch von Buchenholz langsam garen.

Schritt 5: Zwischen 30 und 60 Minuten räuchern und danach entweder noch warm genießen oder im Kühlschrank lagern. Hierzu eine luftdicht abschließende Dose wählen, da sich die Raucharomen sonst im Innenraum des Kühlschranks schnell verbreiten.

5 Rezepte frisch gebeizt

Das Beizen von Fleisch und Fisch gehört zu den Fähigkeiten in der Küche, die in den letzten Jahrzehnten immer seltener selbst gemacht werden. Die folgenden fünf Rezepte helfen auch Anfängern sich schnell in die Zubereitung durch Beizen einzuarbeiten.

1. Gebeizter Lachs

Schwierigkeitsgrad: Mittel

Zubereitungszeit: 25 Minuten + Zeit zum Beizen

Zutaten für vier Personen:

- 1 kg Lachsfilet am Stück
- 125 g Salz
- 50 g Zucker
- 1 Limette
- Wacholderbeeren
- Pfefferkörner
- 1 Bund Dill

Zubereitung:

Schritt 1: Die Schale der Limette dünn abreiben.

Schritt 2: Die Limette dann halbieren und den Saft auspressen.

Schritt 3: Den Dill mit einem Messer fein hacken.

Schritt 4: Die Wacholderbeeren und Pfefferkörner fein mörsern.

Schritt 5: In einer Schüssel alle Zutaten bis auf den Lachs gut miteinander vermengen.

Schritt 6: Ein Backblech auslegen und darauf eine Hälfte der Mischung ausbreiten.

Schritt 7: Den Lachs darauf legen und mit der zweiten Hälfte bestreichen.

Schritt 8: Den Lachs nun für 48 Stunden beizen lassen.

Schritt 9: Den Lachs in Scheiben schneiden und die gewohnt für die weitere Zubereitung von Gerichten nutzen. Vorher die Beize leicht abklopfen damit der Fisch nicht zu salzig schmeckt.

2. Gebeiztes Kaninchen

Schwierigkeitsgrad: Leicht

Zubereitungszeit: 25 Minuten + Zeit zum Beizen

Zutaten für vier Personen:

- 1 Kaninchen
- 2 rote Zwiebeln
- 1 Möhre
- 750 ml Rotwein
- 250 ml Rotweinessig
- 4 Lorbeerblätter
- 4 Wacholderbeeren
- 4 Nelken

Zubereitung:

Schritt 1: Die Zwiebeln schälen, halbieren und in Streifen schneiden.

Schritt 2: Die Möhren schälen und in dünne Scheiben schneiden.

Schritt 3: Das Kaninchen in eine Schüssel legen.

Schritt 4: Möhren, Zwiebeln und die Gewürze dazugeben.

Schritt 5: Mit dem Rotwein, dem Rotweinessig sowie bei Bedarf etwas Wasser aufgießen.

Schritt 6: Die Schüssel mit einem Deckel verschließen und für ca. 1 Woche im Kühlschrank beizen lassen.

Schritt 7: Danach kann das Kaninchen wie gewohnt als festliches Menü oder als kleine kulinarische Belohnung im Alltag nach den eigenen Lieblingsrezepten zubereitet werden.

3. Gebeiztes Rindfleisch

Schwierigkeitsgrad: Leicht

Zubereitungszeit: 20 Minuten + Zeit zum beizen

Zutaten für vier Personen:

- 1 kg Rinderbraten oder Rindergulasch
- 1 Liter Rotwein
- 200 ml dunkler Balsamicoessig
- 1 Gemüsezwiebel
- 1 Knoblauchzehe
- 2 EL gehackter Estragon
- 1 Zitrone
- Wacholderbeeren
- Lorbeerblätter

Zubereitung:

Schritt 1: Die Knoblauchzehe mit den Händen schälen und im Anschluss mit Hilfe einer Presse zerkleinern.

Schritt 2: Die Gemüsezwiebel schälen, halbieren und

in Scheiben schneiden.

Schritt 3: Die Enden der Zitrone entfernen und den Rest in dünne Scheiben schneiden.

Schritt 4: Das Rindfleisch in eine Schüssel geben.

Schritt 5: Die bereits vorbereiteten Zutaten sowie die Gewürze darauf verteilen.

Schritt 6: Den Rotwein und den Essig darauf verteilen und nach Bedarf Wasser hinzufügen damit alle Zutaten komplett abgedeckt sind.

Schritt 7: Mit einem Deckel verschließen und für mindesten vier Tage im Kühlschrank beizen lassen. Bei Gulasch dauert es etwas weniger lang bis das Fleisch den Geschmack der Beize annimmt.

Schritt 8: Das Fleisch nach dem Entfernen aus der Beize wie gewohnt zubereiten. Auch die enthaltenen Zwiebeln können zum Herstellen einer leckeren Sauce genutzt werden.

4. Gebeizter Wildschweinbraten

Schwierigkeitsgrad: Leicht

Zubereitungszeit: 20 Minuten

- 1 kg Wildschweinbraten
- 2 Möhren
- 2 Zwiebeln
- 100 g Sellerie
- 1 Liter Buttermilch
- 500 ml Weißweinessig
- 1 EL frisch gehackter Majoran
- Lorbeerblätter
- Nelken
- Wacholderbeeren

Zutaten für vier Personen:

Zubereitung:

Schritt 1: Die Zwiebeln schälen, halbieren und in feine Scheiben schneiden.

Schritt 2: Die Sellerie schälen und fein würfeln.

Schritt 3: Die Möhren schälen und in feine Scheiben schneiden.

Schritt 4: Das Fleisch in eine Schüssel legen.

Schritt 5: Die vorbereiteten Gewürze und Zutaten darauf verteilen.

Schritt 6: Die Milch und den Essig hinzufügen und bei Bedarf etwas Wasser, um die Zutaten in der Schüssel komplett abzudecken.

Schritt 7: Die Schüssel mit einem Deckel schließen und für mehrere Tage im Kühlschrank ziehen lassen. Am besten sind vier oder fünf Tage geeignet.

Schritt 8: Nach dieser Zeit das Fleisch aus der Beize entnehmen und wie gewohnt nach den eigenen Lieblingsrezepten zubereiten.

5. Gebeizte Lachsforelle

Schwierigkeitsgrad: Mittel

Zubereitungszeit: 25 Minuten + Zeit zum Beizen

Zutaten für vier Personen:

- 1 kg Lachsforellenfilet am Stück
- 125 g Salz
- 75 g Honig
- 1 Zitrone
- 1 rote Chilischote

Zubereitung:

Schritt 1: Die Schale der Zitrone dünn abreiben.

Schritt 2: Die Limette dann halbieren und den Saft auspressen.

Schritt 3: Die Kerne der Chili entfernen und das Fruchtfleisch sehr fein hacken.

Schritt 4: In einer Schüssel alle Zutaten bis auf die Lachsforelle gut miteinander vermengen.

Schritt 5: Ein Backblech auslegen und darauf eine Hälfte der Mischung ausbreiten.

Schritt 6: Die Lachsforelle darauf legen und mit der zweiten Hälfte bestreichen.

Schritt 7: Die Lachsforelle nun für 48 Stunden beizen lassen.

Schritt 8: Den Fisch zum Beispiel für Carpaccio oder auch Salate verwenden.

5 Rezepte für selbst gemachte Pasta

Leider ist auch in frischer Pasta aus dem Supermarkt bereits eine lange Liste an künstlichen Zusatzstoffen enthalten. Mit den vorgestellten fünf Rezepten gelingt es im Handumdrehen leckere Pasta einfach selbst zuzubereiten.

1. Pastateig mit Hartweißengrieß

Schwierigkeitsgrad: Leicht

Zubereitungszeit: 10 Minuten + Zeit zum Ruhen

Zutaten für vier Personen:

- 300 g Hartweizengrieß
- 3 Eier
- 1 EL Öl
- 1 Prise Salz

Zubereitung:

Schritt 1: Den Hartweizengrieß auf die Arbeitsfläche der Küche geben.

Schritt 2: Dort mit den Händen zu einem Haufen formen und mit den Fingern eine Kuhle hineindrücken.

Schritt 3: Darin die drei Eier aufschlagen und das Öl sowie die Prise Salz dazugeben.

Schritt 4: Mit den Händen jetzt anfangen die hinzugefügten Zutaten mit dem Hartweizengrieß zu verbinden.

Schritt 5: So lange mit den Händen kneten bis eine formbare Masse entsteht.

Schritt 6: Diese zu einem kleinen Ball formen und in einer abgedeckten Schüssel für etwa 45 Minuten ruhen lassen.

Schritt 7: Jetzt kann der Teig entweder mit einer Pastamaschine oder auch einem Nudelholz dünn ausgerollt und weiter gestaltet werden.

Schritt 8: Für das Kochen frischer Wasser wird lediglich etwa sprudelnd kochendes Salzwasser sowie zwei bis drei Minuten Geduld benötigt, dann ist die Pasta bereits für den Verzehr geeignet.

2. Pastateig ohne Eier

Schwierigkeitsgrad: Einfach

Zubereitungszeit: 20 Minuten + Zeit zum Ruhen

Zutaten für vier Personen:

- 150 g Weizenmehl
- 150 g Hartweizengrieß
- 100 ml Wasser
- 50 ml Olivenöl
- 1 Prise Salz

Zubereitung:

Schritt 1: Das Mehl und den Grieß in eine Schüssel geben.

Schritt 2: Dort eine kleine Mulde mit den Händen formen.

Schritt 3: Wasser, Olivenöl und Salz hinzufügen und langsam zu einem Teig formen.

Schritt 4: So lange weiter kneten bis ein fester Teig entsteht an dem keine Mehlspuren mehr zu erkennen sind.

Schritt 5: Den Teig nun mit den Händen zu einem kleinen Ball formen und diesen abgedeckt für 30 Minuten ruhen lassen.

Schritt 6: Jetzt kann die vegane Pasta leicht in alle erdenklichen Formen gebracht werden. Der eigenen Fantasie ist bei der Gestaltung der Pasta keine Grenzen mehr gesetzt.

Schritt 7: Die frische Pasta benötigt nur zwei bis drei Minuten Garzeit weshalb es ratsam ist die Küche nicht zu verlassen, um den perfekten Garpunkt nicht zu verpassen.

3. Spätzleteig

Schwierigkeitsgrad: Einfach

Zubereitungszeit: 20 Minuten + Zeit zum Ruhen

Zutaten für vier Personen:

- 300 g Mehl
- 3 Eier
- 175 ml lauwarmes Wasser
- 1 Prise Salz

Zubereitung:

Schritt 1: Das Mehl, die Eier und die Prise Salz in eine Schüssel geben.

Schritt 2: Mit den Händen oder dem Handrührgerät zu einem Teig verarbeiten.

Schritt 3: Unter Rühren langsam das Wasser hinzufügen, sodass ein flüssigerer Teig entsteht, der nicht mehr mit den Händen formbar ist.

Schritt 4: Den Teig mit einem Handtuch abgedeckt für etwa 15 bis 20 Minuten stehen lassen.

Schritt 5: Den Teig dann über ein Brett mithilfe eines Schabers zu kleinen Spätzle formen und diese direkt in heißes Salzwasser fallen lassen.

Schritt 6: Sobald die Spätzle oben schwimmen sind diese fertig und können abgeschöpft werden.

Tipp

Die Spätzle können auch mit Kräutern zubereitet werden. Die grüne Farbe wirkt zudem sehr attraktiv auf dem Teller und kann leicht zu Gerichten wie Braten oder mit Pesto serviert werden.

4. Bunter Nudelteig

Schwierigkeitsgrad: Einfach

Zubereitungszeit: 20 Minuten + Zeit zum Ruhen

Zutaten für vier Personen:

- 150 g Weizenmehl
- 150 g Hartweizengrieß
- 40 g frischer Spinat
- 75 ml Wasser
- 50 ml Olivenöl
- 1 Prise Salz

Zubereitung:

Schritt 1: Den Spinat waschen und mit einer Salatschleuder trocknen.

Schritt 2: Mit einem Mixstab das Öl und den Spinat vermengen. Wer die Nudeln lieber mit Eiern ist, kann das Öl gegen drei Eier ersetzen und auch die Menge an Wasser deutlich reduzieren.

Schritt 3: Das Mehl und den Grieß in eine Schüssel

geben.

Schritt 4: Dort eine kleine Mulde mit den Händen formen.

Schritt 5: Wasser, das vorbereitete Spinatöl und Salz hinzufügen und langsam zu einem Teig formen.

Schritt 6: So lange weiter kneten bis ein fester Teig entsteht, der komplett grün durchgefärbt ist entsteht.

Schritt 7: Den Teig nun mit den Händen zu einem kleinen Ball formen und diesen abgedeckt für 30 Minuten ruhen lassen.

Schritt 8: Die Spinatpasta kann nun in die gewünschte Form gebracht werden.

Schritt 9: Damit die grüne Farbe erhalten bleibt die Pasta nicht überkochen und bereits nach zwei bis drei Minuten aus dem Wasser nehmen./p>

5. Pastateig mit Mehl

Schwierigkeitsgrad: Leicht

Zubereitungszeit: 10 Minuten + Zeit zum Ruhen

Zutaten für vier Personen:

- 300 g Weizenmehl
- 3 Eier
- 1 EL Öl
- 1 Prise Salz

Zubereitung:

Schritt 1: Das Mehl auf die Arbeitsfläche in der Küche oder eine Schüssel geben.

Schritt 2: Dort mit den Händen zu einem Haufen formen und mit den Fingern eine Kuhle hineindrücken.

Schritt 3: Darin die drei Eier aufschlagen und das Öl sowie die Prise Salz dazugeben.

Schritt 4: Mit den Händen sofort anfangen die hinzugefügten Zutaten mit dem Mehl zu verkneten.

Schritt 5: So lange mit den Händen kneten bis eine formbare Masse entsteht.

Schritt 6: Diese zu einem kleinen Ball formen und in einer abgedeckten Schüssel für etwa 45 Minuten ruhen lassen.

Schritt 7: Der Pastateig ist nun fertig und kann entweder zu Spaghetti oder auch Lasagneplatten geformt werden.

Schritt 8: Für das Kochen frischer Wasser wird lediglich etwa sprudelnd kochendes Salzwasser sowie zwei bis drei Minuten Geduld benötigt. Länger braucht die Pasta nicht um wirklich al dente zu sein.

5 Saucenrezepte verleihen jedem Gericht die passende Würze

Saucen verleihen nicht nur Pastagerichten die passende Würze. Anstatt diese zu kaufen, spart die eigene Zubereitung Geld, welches besser für gemeinsame Freizeitaktivitäten mit der Familie oder Freunden investiert werden kann.

1. Ketchup

Schwierigkeitsgrad: Leicht

Zubereitungszeit: 1 Stunde

Zutaten für eine Flasche mit 1 Liter Inhalt:

- 1 kg Tomaten
- 100 g Zwiebeln
- 50 g Zucker
- heller Balsamicoessig
- 1 Prise gemahlene Senfkörner
- 1 Prise Pimentpulver
- Salz

- Pfeffer

Zubereitung:

Schritt 1: Die grünen Stiele der Tomaten mit einem Messer ebenso wie den holzigen Teil an der Tomate selbst entfernen.

Schritt 2: Die Tomaten danach fein würfeln.

Schritt 3: Die Zwiebeln schälen und ebenfalls sehr fein würfeln.

Schritt 4: Einen Topf auf dem Herd bereitstellen und darin die Zwiebel und die Tomaten einmal kurz aufkochen lassen.

Schritt 5: Die Hitze reduzieren und den Inhalt des Topfes für ca. 40 bis 45 Minuten köcheln lassen.

Schritt 6: Nach dieser Zeit die Masse entweder pürieren oder durch ein feines Sieb streichen.

Schritt 7: Das Ketchup nochmals in den Topf geben und mit dem Zucker sowie den Senfkörnern und Pimentpulver würzen.

Schritt 8: Im nächsten Schritt ca. 50 ml Essig hinzufügen.

Schritt 9: Alles gut durchrühren und nach Belieben mit Salz und Pfeffer abschmecken.

Schritt 10: Den Ketchup etwa abkühlen lassen und danach in eine Flasche füllen. Diese gut verschließen und das Ketchup entweder an einem schattigen Ort oder dem Kühlschrank aufbewahren.

Tipp

Das Ketchup kann mit wenig Mühe auch in Curryketchup verwandelt werden. Gleiches gilt für pikante Ketchups mit Chilis. Da sich die Ketchups stark ähneln sollte nicht auf die Beschriftung verzichtet werden, um immer die richtige Flasche aus dem Vorratsraum mitzunehmen.

2. Aioli

Schwierigkeitsgrad: Mittel

Zubereitungszeit: 10 Minuten

Zutaten für eine Flasche mit 500 ml Inhalt:

- 400 ml Olivenöl
- 4 Knoblauchzehen
- 2 Eier
- 1 EL Zitronenessig
- 1 EL mittelscharfer Senf
- 1 EL Zucker
- 1 Prise Salz

Zubereitung:

Schritt 1: Die dünnen Schalen der Knoblauchzehen mit den Fingern lösen.

Schritt 2: Den Knoblauch im Anschluss mit einer Presse zerkleinern.

Schritt 3: Die Eier aufschlagen und in einem hohen Mixbecher geben.

Schritt 4: Die übrigen Zutaten hinzufügen und mit einem Mixstab vermengen.

Schritt 5: Die Aioli ist fertig, wenn sich alle Bestandteile komplett miteinander verbunden haben und kein öliger Film mehr auf der Aioli zu erkennen ist.

Schritt 6: Die Aioli vor dem Abfüllen probieren. So lange sich die Aioli noch im Mixbecher befindet, ist es am einfachsten noch mit einer Prise Salz oder Zucker den Geschmack zu optimieren.

Schritt 7: Damit die Aioli auch wirklich gelingt, ist es wichtig, dass alle Zutaten die gleiche Temperatur aufweisen. Sonst sorgen die Temperaturunterschiede für eine schlechtere Bindung und die Aioli wird flockig anstatt cremig.

Schritt 8: Entspricht die Aioli dem eigenen Geschmack diese ganz einfach in ein Glas oder einen anderen verschließbaren Behälter füllen und am besten im Kühlschrank lagern.

Tipp

Selbstgemachte Aioli kann leicht mit weiteren Zutaten wie Kräutern oder etwas Currypulver ergänzt werden. Dadurch ist das Rezept immer wieder nach dem eigenen Geschmack veränderbar.

3. Salsa mit Zucchini

Schwierigkeitsgrad: Leicht

Zubereitungszeit: 75 Minuten

Zutaten für eine Flasche mit 1 Liter Inhalt:

- 750 ml Ketchup (Rezept weiter oben)
- 2 Zucchini
- 1 rote Paprika
- 1 Gemüsezwiebel
- 1 Knoblauchzehe
- 1 EL Tabasco

Zubereitung:

Schritt 1: Die Enden der Zucchini entfernen und das verbleibende Gemüse in kleine Würfel schneiden.

Schritt 2: Das Kerngehäuse und die weißen Häute entfernen und den Rest ebenfalls würfeln.

Schritt 3: Die dünne Schale der Knoblauchzehen mit den Händen entfernen. Die Zehen selbst mit einer Presse fein zerkleinern.

Schritt 4: Die Gemüsezwiebel schälen, halbieren und in feine Würfel schneiden.

Schritt 5: Einen Topf auf dem Herd bereitstellen und darin alle Zutaten vermengen.

Schritt 6: Die Salsa einmal kurz aufkochen lassen und danach bei kleinerer Hitze für 60 Minuten köcheln lassen.

Schritt 7: Bei Bedarf mit Salz oder Pfeffer nachwürzen.

Schritt 8: Die Salsa etwas abkühlen lassen und im Anschluss in ein Einmachglas oder eine verschließbare Flasche füllen.

Schriit 9: Die Salsa schmeckt sowohl zu Fleischgerichten als auch als Pastasauce oder auch als Sauce für eine selbstgemachte Pizza.

4. Tzatziki

Schwierigkeitsgrad: Leicht

Zubereitungszeit: 15 Minuten

Zutaten für eine Flasche mit 750 ml Inhalt:

- 400 g griechischer Joghurt
- 3 Knoblauchzehen
- 1 kleine Salatgurke
- Salz
- Frisch gemahlener Pfeffer

Zubereitung:

Schritt 1: Die Salatgurke schälen und im Anschluss halbieren.

Schritt 2: Mit einem Teelöffel die Kerne der Gurke auskratzen.

Schritt 3: Die Gurke im Anschluss in feine Würfel schneiden.

Schritt 4: Die dünne Schale der Knoblauchzehen mit den Fingern entfernen.

Schritt 5: Die Knoblauchzehen mit Hilfe einer Presse

sehr fein zerkleinern.

Schritt 6: Den griechischen Joghurt in eine Schüssel geben und mit einem Löffel gut durchrühren.

Schritt 7: Den Joghurt danach mit dem Knoblauch und der Gurke vermengen.

Schritt 8: Nach Belieben mit Salz und frisch gemahlenem Pfeffer abschmecken.

Schritt 9: Die Tzatziki in ein Einmachglas füllen und im Kühlschrank aufbewahren.

5. Sauce Hollandaise

Schwierigkeitsgrad: Leicht

Zubereitungszeit: 5 Minuten

Zutaten für eine Flasche mit 300 ml Inhalt:

- 250 g Butter
- 2 Eigelbe
- 1 Zitrone
- Salz
- Frisch gemahlener Pfeffer

Zubereitung:

Schritt 1: Die Zitrone halbieren und den Saft auspressen.

Schritt 2: Einen kleinen Topf auf dem Herd bereitstellen und darin die Butter schmelzen.

Schritt 3: Die geschmolzene Butter mit den beiden Eigelben und der Hälfte des Zitronensaftes in ein hohes Mixgefäß geben.

Schritt 4: Mit dem Mixstab von unten nach oben

hochziehen, so dass eine cremige Hollandaise entsteht.

Schritt 5: Damit die Hollandaise nicht ausflockt, ist es wichtig das alle Zutaten annähernd die gleiche Temperatur aufweisen. Eier und andere Zutaten die im Kühlschrank gelagert werden, sollte daher bereits eine halbe Stunde vorher herausgenommen werden, um optimale Ergebnisse zu erzielen.

Schritt 6: Die Sauce Hollandaise je nach Geschmack mit dem restlichen Zitronensaft sowie Salz und Pfeffer abschmecken.

Schritt 7: Die Hollandaise in eine Flasche füllen und bis zur Verwendung im Kühlschrank lagern.

5 Marinadenrezepte zum Grillen und Genießen

Bereits mariniertes Fleisch zu kaufen erlaubt es nicht mehr sich einen genauen Überblick über die Frische zu verschaffen. Sind die Marinaden selbst zubereitet, ist es dagegen gar keine Frage, dass nur frisches Fleisch auf dem Grill landet.

1. Honig-Senf-Marinade

Schwierigkeitsgrad: Leicht

Zubereitungszeit: 10 Minuten

Zutaten für vier Personen:

- 100 g Senf
- 50 g Honig
- 1 halber Bund Dill
- 1 halber Bund Estragon
- 1 Zitrone
- Salz
- Schwarzer gemahlener Pfeffer

Zubereitung:

Schritt 1: Den Dill und das Estragon mit einem Messer sehr fein hacken.

Schritt 2: Die Zitrone halbieren und den Saft auspressen.

Schritt 3: In einer Schüssel den Zitronensaft mit dem Senf und Honig vermengen.

Schritt 4: Die Kräuter hinzufügen und gut miteinander vermengen.

Schritt 5: Je nach Geschmack mit Salz und Pfeffer abschmecken.

Schritt 6: Die Marinade schmeckt sowohl zu Fleisch als auch Fisch.

Schritt 7: Wer die marinierten Speisen danach grillen möchte, sollte diese in Alufolie einschlagen, damit die Kräuter nicht verbrennen.

2. Knoblauchmarinade mit Ahornsirup

Schwierigkeitsgrad: Leicht

Zubereitungszeit: 10 Minuten

Zutaten für vier Personen:

- 4 Knoblauchzehen
- 1 EL Mittelscharfer Senf
- 1 EL Sambal Oelek
- Ahornsirup
- Olivenöl
- Salz
- Frisch gemahlener schwarzer Pfeffer

Zubereitung:

Schritt 1: Die dünnen Schalen der Knoblauchzehen mit den Händen entfernen.

Schritt 2: Eine Presse zur Hilfe nehmen, um den Knoblauch zu zerkleinern.

Schritt 3: Den Knoblauch in einer Schüssel zusammen mit dem Senf sowie dem Sambal Oelek vermengen.

Schritt 4: Über einen Löffel jeweils 100 ml Ahornsirup sowie 75 ml Öl hinzufügen und ebenfalls sehr gut vermengen.

Schritt 5: Die Marinade nach Belieben mit Salz und Pfeffer abschmecken.

Schritt 6: Wer verhindern möchte, dass der gesamte Innenraum des Kühlschranks nach Knoblauch riecht, sollte das marinierte Fleisch einfach in einen Beutel mit der Marinade geben und diesen fest verschließen. Das verhindert das Auslaufen und sorgt zudem dafür, dass der Geschmack der selbst gemachten Marinade das komplette Fleisch durchdringt.

3. Chili-Curry-Marinade

Schwierigkeitsgrad: Leicht

Zubereitungszeit: 15 Minuten

Zutaten für vier Personen:

- 2 EL Currypaste
- 2 grüne Chilischoten
- 2 Knoblauchzehen
- Öl
- Salz
- Frisch gemahlener schwarzer Pfeffer

Zubereitung:

Schritt 1: Die feine Schale der Knoblauchzehen mit den Händen entfernen.

Schritt 2: Die Kerne der Chilischoten entfernen und die übrigen Chilis fein hacken.

Schritt 3: Die geschälten Knoblauchzehen pressen und mit der gehackten Chili in einer Schüssel vermengen.

Schritt 4: Die Currypaste sowie etwa 100 ml Öl hinzufügen und alles gut miteinander vermengen.

Schritt 5: Nach Belieben mit Salz und dem frisch gemahlenen Pfeffer abschmecken.

Schritt 6: Diese Marinade eignet sich sowohl zum Marinieren über Nacht, als auch dem Bepinseln direkt vor dem Grillen.

Schritt 7: Wer möchte kann auch Brot mit der Marinade bestreichen und dieses wie eine Bruschetta kurz auf dem Grill oder im Ofen erwärmen.

4. Joghurt-Limetten-Marinade

Schwierigkeitsgrad: Leicht

Zubereitungszeit: 15 Minuten

Zutaten für vier Personen:

- 250 g Naturjoghurt
- 2 Knoblauchzehen
- 1 Limette
- Olivenöl
- Salz
- Frisch gemahlener schwarzer Pfeffer

Zubereitung:

Schritt 1: Die dünnen Schalen der Knoblauchzehen mit den Händen abreiben.

Schritt 2: Die geschälten Knoblauchzehen dann mithilfe einer Knoblauchpresse zerkleinern.

Schritt 3: Die Schale der Limette dünn abreiben.

Schritt 4: Im Anschluss die Limette halbieren und den Saft auspressen.

Schritt 5: Die vorbereiteten Zutaten in einer kleinen Schüssel mit dem Naturjoghurt sowie etwa 3 EL Olivenöl vermengen.

Schritt 6: Nach Belieben mit Salz und frisch gemahlenem schwarzen Pfeffer abschmecken.

Schritt 7: Diese Marinade schmeckt zu Geflügelgerichten besonders lecker. Zudem kann diese Marinade auch als Dip zu Gemüsesticks umfunktioniert werden.

5. Balsamicomarinade mit Liebstöckel

Schwierigkeitsgrad: Leicht

Zubereitungszeit: 10 Minuten

Zutaten für vier Personen:

- 1 Handvoll Liebstöckel
- 1 rote Zwiebel
- Olivenöl
- Balsamicoessig
- Salz
- Frisch gemahlener schwarzer Pfeffer

Zubereitung:

Schritt 1: Die rote Zwiebel schälen, halbieren und in sehr feine Würfel schneiden.

Schritt 2: Den Liebstöckel mit einem Messer ebenfalls fein hacken.

Schritt 3: Die vorbereiteten Zutaten in einer Schüssel mit etwa 125 ml Öl und 50 ml Balsamicoessig vermischen.

Schritt 4: Die Marinade nach Belieben mit Salz und Pfeffer abschmecken.

Schritt 5: Das Fleisch darin einlegen bis alles mit der Marinade bedeckt ist und am besten über Nacht einziehen lassen.

Schritt 6: Wer die dunkle Färbung durch den Balsamico nicht mag, sollte einfach den hellen Balsamico verwenden.

5 Würzmischungen für Fleisch, Suppen und Co.

Würzmischungen aus dem Supermarkt enthalten nicht selten hohe Mengen an Hefe oder Salz. Die würzigen Mischungen einfach selbst zuzubereiten, zeigt wie schmackhaft diese wirklich sein können.

1. Suppenbasis

Schwierigkeitsgrad: Mittel

Zubereitungszeit: 30 Minuten + Zeit zum Trocknen

Zutaten für eine Dose mit 250 ml Inhalt:

- 100 g Möhren
- 100 g Sellerie
- 1 kleine Zwiebel
- 1 halber Bund Petersilie
- 1 halber Bund Liebstöckel
- 1 halber Bund Schnittlauch
- 100 g Salz

Zubereitung:

Schritt 1: Die Möhren schälen und in sehr feine Würfel schneiden.

Schritt 2: Den Sellerie schälen und ebenfalls in sehr feine Würfel schneiden.

Schritt 3: Die Zwiebel schälen, halbieren und in sehr feine Würfel schneiden.

Schritt 4: Die Kräuter fein hacken.

Schritt 5: Die Gemüsewürfel und die gehackten Kräuter in einem Dörrautomat trocknen. Wenn dieser verschiedene Ebenen enthält funktioniert das problemlos gemeinsam.

Schritt 6: Die getrockneten Zutaten in einer Schüssel mit etwas Salz vermengen und in die Dose füllen.

Schritt 7: Wer mag, kann auch auf das Salz verzichten und dieses erst in der Zubereitung der Suppe hinzufügen. Die Suppenbasis ist ein guter Ersatz für gekörnte Gemüsebrühe aus dem Supermarkt.

2. Kartoffelsalz

Schwierigkeitsgrad: Leicht

Zubereitungszeit: 15 Minuten

Zutaten für eine Dose mit 250 ml Inhalt:

- 50 g gemahlenes Knoblauchpulver
- 50 g grobes Meersalz
- 20 g Kurkuma
- 20 g Paprikapulver
- 20 g getrockneter Koriander
- 20 g getrocknete Petersilie

Zubereitung:

Schritt 1: Die Zutaten mit einer sehr feinen Waage abwiegen.

Schritt 2: Wer keine Lebensmittelwaage besitzt, kann sich auch mit kleinen Messbechern behelfen. Diese immer gestrichen vollmachen und schon entsteht das richtige Mischungsverhältnis im Handumdrehen.

Schritt 3: Bei Bedarf Koriander und Petersilie noch

feiner hacken damit die bestreuten Kartoffeln noch intensiver nach den Kräutern schmecken.

Schritt 4: Die Zutaten in einer Schüssel vermengen, bis ein Mix entsteht in dem im jedem Löffel der gleiche Geschmack vorhanden ist.

Schritt 5: Die Mischung in ein Glas füllen und dieses gut verschließen. Neben Ofenkartoffeln schmeckt diese Würzmischung auch sehr gut zu Pommes oder Rösti.

Tipp

Da die verschiedenen Kartoffelsorten durchaus anders schmecken lohnt es sich zu experimentieren, um für alle Kartoffelgerichte die perfekte Gewürzmischung zusammenzustellen.

3. Würzmischung für Hackfleisch

Schwierigkeitsgrad: Leicht

Zubereitungszeit: 10 Minuten

Zutaten für eine Dose mit 250 ml Inhalt:

- 75 g Paprikapulver edelsüß
- 75 g Salz
- 50 g Currypulver
- 25 g getrockneter Majoran
- 25 g schwarzer, gemahlener Pfeffer

Zubereitung:

Schritt 1: Die Zutaten mit einer Waage sehr genau abwiegen, um das Mischungsverhältnis nicht aus dem Gleichgewicht zu bringen.

Schritt 2: Die Zutaten in einer Schüssel vermengen.

Schritt 3: In eine Dose oder ein Einmachglas füllen und fest verschließen, damit kein Wasserdampf mit dem Salz im Mix in Berührung kommt.

Schritt 4: Diese Mischung schmeckt sowohl zu Hack

als auch zahlreichen Fleischgerichten, die im Anschluss auf dem Grill landen.

Schritt 5: Mit etwas Öl vermengt verwandelt sich das Würzsalz in eine Marinade, die einfach auf das Fleisch aufgepinselt werden kann.

4. Trockenes Pesto

Schwierigkeitsgrad: Leicht

Zubereitungszeit: 15 Minuten

Zutaten für eine Dose mit 250 ml Inhalt:

- 100 g Mandelstifte
- 75 g getrocknete Tomaten
- 10 g getrockneter Thymian
- 10 g getrockneter Basilikum
- 10 g getrockneter Oregano
- 1 TL Salz
- 1 TL schwarzer, gemahlener Pfeffer

Zubereitung:

Schritt 1: Die Mandelstifte und getrockneten Tomaten im Mixer sehr fein zerkleinern.

Schritt 2: Die Mischung in eine Schüssel geben und mit den übrigen Kräutern und Gewürzen vermengen.

Schritt 3: Diese Mischung in eine Dose oder ein Einmachglas füllen und gut verschließen.

Schritt 4: Die Mischung passt wie Pasta ebenso wie

Fisch oder Fleischgerichten.

Schritt 5: Wer es lieber etwas würziger mag, kann die Mandelstifte ebenfalls gegen Parmesan oder Pecorino ersetzen.

5. Barbecue Würzsalz

Schwierigkeitsgrad: Leicht

Zubereitungszeit: 10 Minuten

Zutaten für eine Dose mit 250 ml Inhalt:

- 50 g brauner Zucker
- 50 g Paprikapulver edelsüß
- 50 g Knoblauchpulver
- 1 TL gemahlener Koriander
- 1 TL gemahlenes Lorbeerblatt
- 1 TL gemahlener Thymian
- 1 TL gemahlene Zwiebeln
- 1 Prise gemahlener Kreuzkümmel

Zubereitung:

Schritt 1: Die Zutaten sehr genau abwiegen und dabei das Mischverhältnis nicht durcheinander bringen.

Schritt 2: Alle Zutaten in einer Schüssel vermengen.

Schritt 3: Mit dem Finger kurz probieren und bei Bedarf noch Zutaten verändern bis der Geschmack als passend empfunden wird.

Schritt 4: Das fertige Salz in eine Schüssel füllen oder ein Glas mit einem fest verschließbaren Deckel.

Schritt 5: Dieses Gewürzsalz lässt sich einfach mit etwas Öl in das Fleisch einarbeiten. Besser haftet das Salz mit einer Schicht aus Honig aus dem Grillgut.

5 Salatkräuter für den perfekten Salatgenuss zu jeder Jahreszeit

Schnell mit Öl oder Joghurt gemischt sind Salatkräuter eine gute Möglichkeit, dass sich der Genuss eines frischen Salates nicht in Langeweile verwandelt. Die Zubereitung ist zudem auch für Anfänger leicht nachzumachen.

1. Petersilienkräutern

Schwierigkeitsgrad: Leicht

Zubereitungszeit: 5 Minuten

Zutaten für eine Dose mit 250 ml Inhalt:

- 125 g getrocknete Petersilie
- 50 g getrockneter Schnittlauch
- 50 g getrocknete Zwiebeln
- 25 g getrocknete Senfkörner

Zubereitung:

Schritt 1: Die getrockneten Zutaten mit einer Waage abwiegen.

Schritt 2: Die einzelnen Zutaten in einer Schüssel mischen.

Schritt 3: Die vermengte Mischung in ein Glas füllen und dieses fest verschließen.

Schritt 4: Die Mischung kann sehr gut Essig und Öl beigefügt werden, um diese simplen Dressings noch schmackhafter zu gestalten.

2. Basilikumkräuter

Schwierigkeitsgrad: Leicht

Zubereitungszeit: 5 Minuten

Zutaten für eine Dose mit 250 ml Inhalt:

- 100 g getrockneter Basilikum
- 100 g getrocknete Tomaten
- 100 g getrocknete Zwiebeln

Zubereitung:

Schritt 1: Die getrockneten Zutaten mit einer Waage abwiegen.

Schritt 2: Die getrockneten Tomaten in eine Schüssel geben und dort mit einem Mixer so klein wie möglich zerteilen.

Schritt 3: Die einzelnen Zutaten in einer Schüssel mischen.

Schritt 4: Die vermengte Mischung in ein Glas füllen und dieses fest verschließen.

Schritt 5: Die Mischung ist ideal als Würzung für

Bruschetta oder weitere original italienische Klassiker.

3. Schnittlauch-Zwiebel-Kräuter

Schwierigkeitsgrad: Leicht

Zubereitungszeit: 5 Minuten

Zutaten für eine Dose mit 250 ml Inhalt:

- 100 g getrockneter Schnittlauch
- 75 g getrocknete weiße Zwiebeln
- 75 g getrocknete rote Zwiebeln
- 10 g schwarzer, gemahlener Pfeffer
- 10 g grobes Meersalz

Zubereitung:

Schritt 1: Die getrockneten Zutaten mit einer Waage abwiegen.

Schritt 2: Die einzelnen Zutaten in einer Schüssel mischen.

Schritt 3: Die vermengte Mischung in ein Glas füllen und dieses fest verschließen.

Schritt 4: Die Mischung kann sehr gut Essig und Öl beigefügt werden, um diese simplen Dressings noch schmackhafter zu gestalten.

4. Knoblauch-Croutons Mischung

Schwierigkeitsgrad: Leicht

Zubereitungszeit: 10 Minuten

Zutaten für eine Dose mit 250 ml Inhalt:

- 3 Scheiben Weißbrot
- 100 g getrocknete Knoblauchzehen
- Öl
- grobes Meersalz
- schwarzer Pfeffer

Zubereitung:

Schritt 1: Das Brot in kleine Würfel schneiden.

Schritt 2: Etwas Öl in der Pfanne erhitzen und die Croutons darin anrösten.

Schritt 3: Die fertigen Croutons auf ein Küchentuch legen und dort abtropfen lassen bis kein zusätzliches Fett mehr vorhanden ist. Danach mit etwas Meersalz und Pfeffer bestreuen.

Schritt 4: Die getrockneten Knoblauchzehen im

Mixer zerkleinern. Wenige Stücke sollten noch sichtbar sein.

Schritt 5: Beide Zutaten in einer Schüssel vermengen.

Schritt 6: Die Mischung in Dose füllen und dort mit einem Deckel verschließen.

Schritt 7: Diese Mischung ist ideal für alle Personen geeignet, die nicht auf knackige Croutons im Salat verzichten möchten und sich dennoch etwas mehr Würze in klassischen Dressings auf Essig- und Ölbasis wünschen.

5. 7 Kräuter Dressing

Schwierigkeitsgrad: Leicht

Zubereitungszeit: 10 Minuten

Zutaten für eine Dose mit 250 ml Inhalt:

- 30 g getrocknete Petersilie
- 30 g getrockneter Schnittlauch
- 30 g getrockneter Dill
- 30 g getrockneter Kerbel
- 30 g getrockneter Oregano
- 30 g getrockneter Thymian
- 30 g getrockneter Rosmarin
- 10 g gemahlener schwarzer Pfeffer

Zubereitung:

Schritt 1: Die getrockneten Kräuter und den Pfeffer mit einer Küchenwaage abwiegen und dabei das Mengenverhältnis der Kräuter beibehalten.

Schritt 2: Die Kräuter in eine Schüssel geben und miteinander vermengen.

Schritt 3: Die Kräutermischung in das Einmachglas oder eine Dose geben und diese fest verschließen.

Schritt 4: Die Dose beschriften damit die Mischung immer frisch auf den Salat gestreut werden können.

5 selbstgemachte Öle zaubern Abwechslung auf den Teller

Bei einem Blick auf die Kosten für aromatisierte Öle stellt sich schnell die Frage nach einer passenden Alternative. Zu diesen gehört auch Öle in Zukunft ganz einfach selbst herzustellen und somit auf die regelmäßig erfolgenden Preiserhöhungen einfach mit einem Schulterzucken zu reagieren.

1. Chiliöl

Schwierigkeitsgrad: Leicht

Zubereitungszeit: 15 Minuten + Zeit zum Ziehen

Zutaten für eine Flasche mit 1 Liter Inhalt:

- 500 ml Erdnussöl
- 1 Handvoll rote Minichilischoten
- 1 EL Chilifäden

Zubereitung:

Schritt 1: Die Minichilis unter laufendem Wasser abwaschen und danach mit einem Küchentuch trocken tupfen.

Schritt 2: Die Chilifäden auf dem Boden der Flasche verteilen.

Schritt 3: Die Minichilischoten hinzufügen.

Schritt 4: Die Flaschen mit dem Öl auffüllen und verschließen.

Schritt 5: Etwa eine Woche durchziehen lassen und danach zum Beispiel für Salate oder das Anbraten von chinesischen Nudeln im Wok verwenden.

Schritt 6: Wer lieber grüne Chilis bevorzugt, kann diese zum Beispiel mit gehacktem Koriander in einer Flasche mit Öl auffüllen.

2. Tomatenöl mit Knoblauchzehen

Schwierigkeitsgrad: Leicht

Zubereitungszeit: 10 Minuten + Zeit zum Ziehen

Zutaten für eine Flasche mit 1 Liter Inhalt:

- 100 g getrocknete Tomaten
- 3 Knoblauchzehen
- Olivenöl

Zubereitung:

Schritt 1: Die getrockneten Tomaten in etwa 1 cm große Streifen schneiden.

Schritt 2: Die Knoblauchzehen schälen und mit der Hand leicht auf einem harten Untergrund andrücken.

Schritt 3: Den Knoblauch in die Flasche füllen.

Schritt 4: Die vorbereiteten getrockneten Tomaten hinzufügen.

Schritt 5: Die Flasche mit dem Olivenöl auffüllen.

Schritt 6: Für einige Tage ziehen lassen und danach

zum Beispiel für die mediterrane Küche und leckere Pastagerichte verwenden.

Tipp

Dieses Öl eignet sich auch sehr gut als kleines Geschenk für den Gastgeber bei Einladungen. Mit einer kleinen Schleife und Beschriftung ersetzt dieses selbst gemachte Öl mit Leichtigkeit einen Blumenstrauß oder auch eine Flasche Wein.

3. Zitrusöl

Schwierigkeitsgrad: Mittel

Zubereitungszeit: 15 Minuten + Zeit zum Ziehen

Zutaten für eine Flasche mit 1 Liter Inhalt:

- 1 Orange
- 1 Limette
- 1 Zitrone
- Olivenöl

Zubereitung:

Schritt 1: Die Schalen der Zitrusfrüchte dünn abschälen.

Schritt 2: Hierfür werden spezielle Küchenhelfer angeboten. Ein Sparschäler funktioniert jedoch oft ebenso gut. Die größeren Stücke der Schale wirken in der Flasche mit Öl zudem noch dekorativer.

Schritt 3: Die abgelösten Schalen sollten möglichst wenig der weißen Häute aufweisen, da das Öl ansonsten eine bittere Note annimmt.

Schritt 4: Die Schalen abwechselnd in die Flaschen füllen, so dass sich die Farben gut vermischen.

Schritt 5: Mit dem Olivenöl auffüllen und vor der Verwendung ein paar Tage ziehen lassen.

Schritt 6: Das Öl schmeckt zu leichten Sommersalaten ebenso wie als Grundlage für eine fruchtige Marinade.

Tipp

Wer das Öl noch dekorativer gestalten möchte, kann zusätzlich den Saft auspressen und diesen hinzufügen. Da das Öl eine höhere Dichte aufweist, schwimmt der Saft auf dem Öl, was zu einem interessanten Farbspiel führt. Einmal gemixt verbinden sich Öl und Saft zu einem Dressing, nur um sich wenig später in der Flasche wieder optisch voneinander zu trennen.

4. Parmesanöl mit Rosmarin

Schwierigkeitsgrad: Leicht

Zubereitungszeit: 15 Minuten + Zeit zum Ziehen

Zutaten für eine Flasche mit 1 Liter Inhalt:

- 150 g Parmesan am Stück
- 3 Rosmarinzweige
- Olivenöl

Zubereitung:

Schritt 1: Den Parmesan so schneiden, dass dieser durch die Öffnung der Flasche passt.

Schritt 2: Den Parmesan auf dem Boden der Flasche verteilen.

Schritt 3: Den Rosmarin ebenfalls in die Flasche geben.

Schritt 4: Die Flasche mit Öl auffüllen und gut verschließen.

Schritt 5: Für einige Tage ziehen lassen, damit die Aromen noch besser in das Öl eindringen. Danach schmeckt das Öl zum Beispiel zu Pastagerichten oder auch andere Köstlichkeiten der mediterranen Küche.

5. Thymianöl mit Vanilleschoten

Schwierigkeitsgrad: Leicht

Zubereitungszeit: 10 Minuten + Zeit zum Ziehen

Zutaten für eine Flasche mit 1 Liter Inhalt:

- 4 Thymianzweige
- 2 Vanilleschoten
- Rapsöl

Zubereitung:

Schritt 1: Die Vanilleschoten halbieren, um die Aromen beim Kontakt mit dem Öl zu maximieren.

Schritt 2: Die halbierten Vanilleschoten in die Flasche füllen.

Schritt 3: Die Thymianzweige hinzufügen.

Schritt 4: Die Flasche mit dem Rapsöl auffüllen und gut verschließen.

Schritt 5: Für mehrere Tage ziehen lassen, damit die Aromen und das Öl sich noch besser verbinden. Dieses Öl eignet sich perfekt zum Backen, da die

Aromen Rezepten leicht das gewisse Etwas verleihen.

5 Essigrezepte mit durchaus überraschenden Zutaten

Essig selbst zuzubereiten ist dank der einfachen Schritt für Schritt Anleitungen sehr viel einfacher als zunächst gedacht. Einmal probiert zeigt sich, dass auch der Geschmack davon profitiert wenige Augenblicke der Freizeit in die Zubereitung zu investieren.

1. Birnenessig

Schwierigkeitsgrad: Leicht

Zubereitungszeit: 30 Minuten + 1 Woche Zeit zum Ziehen

Zutaten für eine Flasche mit 1 Liter Inhalt:

- 2 reife Birnen
- 1 Zitrone
- 800 ml weißer Balsamico

Zubereitung:

Schritt 1: Die Zitrone halbieren und den Saft auspressen.

Schritt 2: Die Birnen schälen, vierteln und das Kerngehäuse entfernen.

Schritt 3: Im Anschluss die Birnen so klein schneiden, dass diese durch die Öffnung der Flasche passen.

Schritt 4: Einen kleinen Topf auf dem Herd bereitstellen und darin Birnen, Zitronensaft und Essig kurz aufkochen lassen. Im Abschluss etwa zur Seite stellen bis die Temperatur das Umfüllen erlaubt.

Schritt 5: Die Mischung in die Flaschen füllen und verschließen.

Schritt 6: Eine Woche ziehen lassen und danach für zahlreiche Gerichte wie etwa Salate verwenden.

Tipp

Dieses Rezept funktioniert ebenso gut mit Äpfeln, Quitten oder eine Mischung aus mehreren Früchten. Probieren lohnt sich, um zum Beispiel die Reste einer Ernte zeitnah zu verwerten.

2. Schwarzer Johannisbeeressig

Schwierigkeitsgrad: Leicht

Zubereitungszeit: 30 Minuten + Zeit zum Ziehen

Zutaten für eine Flasche mit 1 Liter Inhalt:

- 500 g schwarze Johannisbeere
- 200 g Zucker
- 500 ml weißer Balsamico

Zubereitung:

Schritt 1: Die schwarzen Johannisbeeren von den Stielen zupfen.

Schritt 2: Die Beeren in ein Sieb geben und dort unter fließendem Wasser abspülen. Danach gut abtropfen lassen.

Schritt 3: Einen kleinen Topf auf dem Herd bereitstellen und dort den Balsamico mit dem Zucker erhitzen.

Schritt 4: Unter Rühren auskochen bis sich der Zucker komplett gelöst hat.

Schritt 5: Die Beeren hinzufügen und bei mittlerer Hitze für 15 Minuten köcheln lassen.

Schritt 6: Die schwarzen Johannisbeeren beim Umrühren leicht andrücken, damit sich der Saft leichter auslöst.

Schritt 7: Die Flüssigkeit durch ein Sieb in die Flasche fließen lassen.

Schritt 8: Für einige Tage ziehen lassen und im Anschluss etwa als Zutat für einen fruchtigen Salat oder auch Sauerbraten verwenden.

3. Himbeeressig mit feiner Weißweinnote

Schwierigkeitsgrad: Leicht

Zubereitungszeit: 20 Minuten + Zeit zum Ziehen

Zutaten für eine Flasche mit 1 Liter Inhalt:

- 500 g reife Himbeeren
- 500 ml Weissweinessig

Zubereitung:

Schritt 1: Die Himbeeren vorsichtig in einem Sieb unter fließendem Wasser waschen.

Schritt 2: Die Himbeeren gut abtropfen lassen und danach in die Flasche füllen.

Schritt 3: Die Flasche mit dem Weißweinessig auffüllen und an einen sonnigen Platz stellen.

Schritt 4: Für eine Woche ziehen lassen. In dieser Zeit immer wieder leicht schütteln, um den Saft der Himbeeren besser mit dem Essig zu vermengen.

Schritt 5: Eine zweite Flasche bereitstellen und den Essig durch ein Sieb streichen.

Schritt 6: Der fruchtige Essig ist perfekt für Salate

oder auch vegetarische Gerichte, denen das gewisse Etwas verliehen werden soll.

4. Kräuteressig

Schwierigkeitsgrad: Leicht

Zubereitungszeit: 15 Minuten + Zeit zum Ziehen

Zutaten für eine Flasche mit 1 Liter Inhalt:

- 1 Handvoll Salbeiblätter
- 4 Zweige Zitronenthymian
- 1 EL rote Pfefferkörner
- 750 ml weißer Balsamico

Zubereitung:

Schritt 1: Die frischen Salbeiblätter zupfen und in die Flasche geben.

Schritt 2: Den Zitronenthymian hinzufügen.

Schritt 3: Die roten Pfefferkörner kurz etwas andrücken und ebenfalls in die Flasche füllen.

Schritt 4: Die Flasche mit dem Balsamico füllen.

Schritt 5: Die Flasche verschließen und für vier Wochen an einem hellen Standort lagern.

Schritt 6: Nach dieser Zeit haben sich die Aromen vollständig verbunden und der Essig kann zum Beispiel als Basis für raffinierte Marinaden verwendet werden.

Tipp

Verwendet werden können alle bekannten Gewürze. Dies ist eine gute Möglichkeit Kräuter zu verwerten, wenn bereits genügend getrocknete Kräuter in der Vorratskammer vorhanden sind.

5. Sherryessig

Schwierigkeitsgrad: Leicht

Zubereitungszeit: 10 Minuten + Zeit zum Ziehen

Zutaten für eine Flasche mit 1 Liter Inhalt:

- 400 ml Sherry
- 400 ml Wasser
- 200 ml Essigessenz

Zubereitung:

Schritt 1: Den Sherry in die Flasche füllen.

Schritt 2: Das Wasser hinzugeben und kurz schütteln.

Schritt 3: Die Essigessenz hinzufügen und ebenfalls gut mischen.

Schritt 4: Den Deckel fest verschließen und die Flasche an einen hellen Ort mit direkter Sonneneinstrahlung stellen.

Schritt 5: Für mindestens eine Woche ziehen lassen, bevor das erste Mal probiert wird.

Schritt 6: Dieser Essig eignet sich perfekt für Salate und Eintöpfe wie zum Beispiel Linsensuppe.

Tipp

Dieses Rezept kann auch zur Herstellung von Weißwein- oder Rotweinessig verwendet werden. Verbleibt ein Rest in der Flasche, kann der Weinessig mit diesem Rezept von der Einkaufsliste gestrichen werden.

5 Pestorezepte für einen unvergleichlichen Pastagenuss

Pestos dürfen seit einigen Jahren in keiner Vorratskammer mehr fehlen. Diese einfach selbst zuzubereiten ist zudem wesentlich schneller, als Pesto kurzfristig im Supermarkt zu kaufen.

1. Bärlauchpesto

Schwierigkeitsgrad: Leicht

Zubereitungszeit: 10 Minuten

Zutaten für ein Einmachglas mit 250 ml Inhalt:

- 1 Bund Bärlauch
- 50 g Parmesan
- 50 g Mandelstifte
- Olivenöl
- 1 Prise Salz
- Etwas Pfeffer je nach Geschmack

Zubereitung:

Schritt 1: Zuerst den Bärlauch kontrollieren und dabei welke Stelle mit einem Messer entfernen.

Schritt 2: Stammt der Bärlauch aus dem eigenen Garten, diesen zuvor in einem Sieb waschen und eventuell in einer Salatschleuder trocknen.

Schritt 3: Bei der Verwendung von Parmesan am Stück diesen zuvor bereits grob zerkleinern, damit die gesamte spätere Pesto von Parmesan durchzogen ist.

Schritt 4: Parmesan, Mandeln, Bärlauch und die Prise Salz in einen Mixer geben.

Schritt 5: Nun eine kleine Menge Öl hinzufügen und den Mixvorgang starten bis eine einheitliche Masse entstanden ist.

Schritt 6: Die Geschwindigkeit des Mixers reduzieren und so lange Öl hinzugeben bis die gewünschte Konsistenz erreicht ist.

Schritt 7: Die Pesto probieren und bei Bedarf mit etwas Salz und Pfeffer nachwürzen.

Schritt 8: Die Pesto in einem Glas verstreichen und den Deckel verschließen.

Schritt 9: Reste der Pesto am besten im Gemüsefach des Kühlschranks aufbewahren und vor dem nächsten Verzehr noch einmal umrühren.

2. Petersilienpesto

Schwierigkeitsgrad: Leicht

Zubereitungszeit: 15 Minuten

Zutaten für ein Einmachglas mit 250 ml Inhalt:

- 1 Bund Petersilie (mindestens 75 g)
- 1 Knoblauchzehe
- 50 g Pinienkerne
- 50 g Parmesan
- Olivenöl
- 1 Prise Salz
- Pfeffer je nach Geschmack

Zubereitung:

Schritt 1: Eine Pfanne auf dem Herd bereitstellen und darin die Pinienkerne kurz, ohne die Verwendung von Öl anrösten. Hierbei das Umrühren nicht vergessen, da die Pinienkerne ansonsten schnell zu dunkel werden.

Schritt 2: Die Knoblauchzehe aus der Schale lösen.

Schritt 3: Falls Parmesan am Stück verwendet wird diesen grob zerkleinern, damit sich die Aromen des Hartkäses optimal im gesamten späteren Pesto verteilen.

Schritt 4: Erdanhaftungen an dem frisch aus dem Kräutergarten stammenden Pesto abwaschen und diesen mithilfe einer Salatschleuder trocknen.

Schritt 5: Die vorbereitete Petersilie gemeinsam mit dem Parmesan, der Knoblauchzehe, den gerösteten Pinienkernen und einer Prise in den Mixer geben.

Schritt 6: Nun eine kleine Menge Öl hinzufügen und den Mixvorgang starten bis eine einheitliche Masse entstanden ist.

Schritt 7: Die Geschwindigkeit des Mixers reduzieren und so lange Öl hinzugeben bis die gewünschte Konsistenz erreicht ist.

Schritt 8: Die Pesto probieren und bei Bedarf mit etwas Salz und Pfeffer nachwürzen.

Schritt 9: Die Pesto in einem Glas verstreichen und den Deckel verschließen.

Schritt 10: Diese Pesto schmeckt nicht nur sehr gut zu Pastagerichten, sondern ebenfalls zu Folienkartoffeln oder Rühreiern.

Tipp

Dieses Rezept funktioniert ebenfalls mit zahlreichen weiteren Kräutern wie zum Beispiel Basilikum oder Kresse. Wer noch eine größere Menge an Kräutern übrig hat, kann diese ebenfalls zu einem leckeren Pesto verarbeiten.

3. Avocadopesto

Schwierigkeitsgrad: Leicht

Zubereitungszeit: 20 Minuten

Zutaten für ein Einmachglas mit 250 ml Inhalt:

- 1 reife Avocado
- 1 Bund Basilikum
- 1 Knoblauchzehe
- 50 g Pecorino
- 30 g Mandelblättchen
- Olivenöl
- 1 Prise Salz
- Gemahlener Pfeffer nach Belieben

Zubereitung:

Schritt 1: Frisch gepflücktes Basilikum aus dem Kräutergarten von Erdanhaftungen befreien und mithilfe einer Salatschleuder trocknen.

Schritt 2: Die Avocado vorsichtig mit einem Messer halbieren und den Kern auslösen. Hierfür lieber einen Löffel verwenden, da das Messer leicht am Kern abrutschen und Schnittwunden verursachen kann.

Schritt 3: Das Fruchtfleisch der Avocadohälften nun ebenfalls mit einem Löffel portionsweise auslösen.

Schritt 4: Falls ein Stück Pecorino verwendet wird diesen grob zerteilen, damit die Aromen das gesamte spätere Pesto durchziehen.

Schritt 5: Die Knoblauchzehen mit den Händen von der dünnen Schale befreien.

Schritt 6: Avocado, Knoblauchzehe, Mandeln, Pecorino und Basilikum gemeinsam mit einer Prise Salz in den Mixer füllen.

Schritt 7: Nun eine kleine Menge Öl hinzufügen und den Mixvorgang starten bis eine einheitliche Masse entstanden ist.

Schritt 8: Die Geschwindigkeit des Mixers reduzieren und so lange Öl hinzugeben bis die gewünschte Konsistenz erreicht ist.

Schritt 9: Die Pesto probieren und bei Bedarf mit etwas Salz und Pfeffer nachwürzen.

Schritt 10: Die Pesto in einem Glas verstreichen und den Deckel verschließen.

Schritt 11: Diese Pesto schmeckt zu Pastagerichten

ebenso gut wie zu Lachs oder als Dip.

4. Pesto Rosso mit Tomaten und Paprika

Schwierigkeitsgrad: Leicht

Zubereitungszeit: 15 Minuten

Zutaten für ein Einmachglas mit 250 ml Inhalt:

- 2 Strauchtomaten
- 50 g rote Paprika
- 2 Knoblauchzehen
- 1 Handvoll Rucola
- 50 g Pecorino
- Olivenöl
- 1 Prise Salz
- Gemahlener Pfeffer nach Geschmack

Zubereitung:

Schritt 1: Die Tomaten waschen und im Anschluss die grünen, holzigen Stellen mit einem Messer auslösen.

Schritt 2: Welke Rucolablätter entfernen und den Salat bei Bedarf waschen und in einer Salatschleuder trocknen.

Schritt 3: Die dünne Schale der Knoblauchzehen mit den Händen entfernen.

Schritt 4: Falls ein Stück Pecorino verwendet wird diesen grob zerkleinern, damit sich der Geschmack besser in der gesamten Pesto verteilt.

Schritt 5: Tomaten, Paprika, Rucola, Pecorino und eine Prise Salz in den Mixer geben.

Schritt 6: Nun eine kleine Menge Öl hinzufügen und den Mixvorgang starten bis eine einheitliche Masse entstanden ist.

Schritt 7: Die Geschwindigkeit des Mixers reduzieren und so lange Öl hinzugeben bis die gewünschte Konsistenz erreicht ist.

Schritt 8: Die Pesto probieren und bei Bedarf mit etwas Salz und Pfeffer nachwürzen.

Schritt 9: Die Pesto in einem Glas verstreichen und den Deckel verschließen.

Schritt 10: Die angebrochene Pesto im Kühlschrank aufbewahren und zum Beispiel für Pasta oder auch raffinierte Fischgerichte verwenden.

5. Brokkolipesto

Schwierigkeitsgrad: Leicht

Zubereitungszeit: 15 Minuten

Zutaten für ein Einmachglas mit 250 ml Inhalt:

- 75 g Brokkoli
- 1 halber Bund Petersilie
- 1 halber Bund Schnittlauch
- 40 g Mandelblättchen
- 50 g Parmesan
- Olivenöl
- 1 Prise Salz
- Gemahlener Pfeffer je nach Geschmack

Zubereitung:

Schritt 1: Den Brokkoli in Röschen schneiden.

Schritt 2: Stammen Petersilie und Schnittlauch frisch aus dem Kräutergarten diese kurz von Erdanhaftungen befreien und mithilfe einer Salatschleuder trocknen.

Schritt 3: Falls ein Stück Parmesan verwendet wird diesen grob zerteilen damit sich die Aromen später besser im gesamten Pesto verteilen.

Schritt 4: Den Brokkoli, Schnittlauch, Petersilie, Parmesan und Mandelblättchen gemeinsam mit der Prise Salz in den Mixer geben.

Schritt 5: Nun eine kleine Menge Öl hinzufügen und den Mixvorgang starten bis eine einheitliche Masse entstanden ist.

Schritt 6: Die Geschwindigkeit des Mixers reduzieren und so lange Öl hinzugeben bis die gewünschte Konsistenz erreicht ist.

Schritt 7: Die Pesto probieren und bei Bedarf mit etwas Salz und Pfeffer nachwürzen.

Schritt 8: Die Pesto in einem Glas verstreichen und den Deckel verschließen.

Schritt 9: Die Pesto nach der Zubereitung am besten im Kühlschrank aufbewahren und neben Pasta auch für Fleisch- oder Fischgerichte verwenden.

5 herzhafte Snacks für den entspannten Abend auf den Sofa

Viele herzhafte Snacks werden vorschnell als ungesund gebrandmarkt. Mit den richtigen Zutaten darf der Fernsehsnack jedoch ohne schlechtes Gewissen weiter genossen werden.

1. Süßkartoffelchips

Schwierigkeitsgrad: Leicht

Zubereitungszeit: 75 Minuten + Zeit zum Auskühlen

Zutaten für vier Personen:

- 2 Süßkartoffeln
- Olivenöl
- Meersalz
- Frisch gemahlener schwarzer Pfeffer

Zubereitung:

Schritt 1: Die Süßkartoffeln waschen. Wenn die Anhaftungen nur schwer zu entfernen sind die Schale am besten mit einem Sparschäler entfernen.

Schritt 2: Mithilfe eines Gemüsehobels die Süßkartoffeln in dünne Scheiben zerkleinern.

Schritt 3: Diese in eine Schüssel geben und dort mit etwas Olivenöl sowie Meersalz und schwarzem Pfeffer kurz marinieren. Die Menge an Öl nicht zu hoch wählen, da die fertigen Chips sonst schnell fettig werden. Wer mag, kann natürlich auch andere Gewürze wie Paprika oder Curry verwenden. Eine Prise Salz sollte bei beiden nicht fehlen, um den Geschmack noch besser zu betonen.

Schritt 4: Ein Blech mit Backpapier auslegen und die marinierten Süßkartoffelscheiben dort einzeln ausbreiten.

Schritt 5: Das Blech in den auf 130° C eingestellte Ofen geben und dort für etwa 50 bis 55 Minuten trocknen.

Schritt 6: In dieser Zeit die Tür des Backofens immer wieder öffnen, da der entstehende Wasserdampf somit noch leichter austreten kann. Als Resultat dieser Mühe werden auch die Chips wesentlich knackiger.

Schritt 7: Die fertigen Chips aus dem Ofen nehmen und kurz abkühlen lassen. In eine Schüssel geben und noch frisch genießen.

2. Selbst getrocknete Pflaumen im Speckmantel

Schwierigkeitsgrad: Mittel

Zubereitungszeit: 30 Minuten + Zeit für die Trocknung

Zutaten für vier Personen:

- 500 g Pflaumen
- Speckstreifen für die entsprechende Anzahl der Pflaumen

Zubereitung:

Schritt 1: Die Pflaumen einschneiden und den Kern entfernen. Hierbei ist darauf zu achten die Früchte nicht komplett zu halbieren.

Schritt 2: Ein Backblech mit Backpapier auslegen und die Pflaumen aufgeklappt darauf verteilen.

Schritt 3: Bei 50° C im Backofen trocknen. Dies kann durchaus 24 Stunden oder mehr benötigen. Hier ist Geduld gefragt, die sich jedoch auszahlt, da mit mehreren Blechen übereinander auch größere Mengen an Pflaumen und Zwetschgen auf Vorrat getrocknet werden können.

Schritt 4: Die Pflaumen nach der Trocknung abkühlen lassen und wieder zuklappen.

Schritt 5: Die Backpflaumen mit Speckstreifen umwickeln und diese mit einem Zahnstocher fixieren.

Schritt 6: Den Ofen auf 225° C vorheizen und die Speckpflaumen darin knusprig werden lassen.

Schritt 7: Kurz etwas abkühlen lassen und im Anschluss vor dem Verzehr nicht den Zahnstocher vergessen.

Schritt 8: Obst selbst zu trocknen ist eine Mühe, die sich auf in Bezug auf die Zusatzstoffe lohnt, da Schwefel und Co in der eigenen Küche effektiv ausgebremst werden.

3. Käsechips mit getrockneten Kräutern

Schwierigkeitsgrad: Leicht

Zubereitungszeit: 20 Minuten + Zeit zum Trocknen

Zutaten für vier Personen:

- 200 g Käse
- getrocknete Kräuter nach Wahl

Zubereitung:

Schritt 1: Den Käse wie etwa Gouda oder Parmesan mit einer Reibe zerkleinern.

Schritt 2: Ein Blech mit Backpapier auslegen und den Käse darin zu kleinen Häufchen auslegen.

Schritt 3: Diese etwas andrücken und die getrockneten Kräutern darauf verteilen.

Schritt 4: Das Blech in den auf 200°C vorgeheizten Ofen stellen und die Käsechips dort für 8 bis 10 Minuten schmelzen lassen. Die Chips sollten goldgelb, aber nicht zu dunkel werden.

Schritt 5: Das Backblech aus dem Ofen nehmen und

die Chips trocknen lassen.

Schritt 6: Im Anschluss die Chips vorsichtig vom Backpapier lösen und vor dem Servieren auf einem Teller platzieren.

4. Gewürzte Haselnüsse

Schwierigkeitsgrad: Mittel

Zubereitungszeit: 30 Minuten + Zeit zum Auskühlen

Zutaten für vier Personen:

- 500 g Haselnüsse ohne Schale
- 1 Eiweiß
- Paprikapulver
- Salz
- Pfeffer

Zubereitung:

Schritt 1: Das Eiweiß mit einem EL Wasser schaumig schlagen.

Schritt 2: Paprikapulver sowie Salz und Pfeffer hinzufügen und nochmals kurz vermengen. Natürlich können auch weitere Gewürze wie etwa Curry verwendet werden, um die eigenen Lieblingsaromen hinzuzufügen.

Schritt 3: Die Haselnüsse in dieser Mischung wenden, sodass die Gewürze an der Oberfläche der

Nüsse haften bleiben.

Schritt 4: Ein Backblech mit Backpapier auslegen und die gewürzten Nüsse darauf verteilen.

Schritt 5: Den Ofen aus 160° C vorheizen und die Nüsse darin rösten.

Schritt 6: Die Nüsse etwas abkühlen lassen und vor dem Servieren in eine Schüssel geben.

5. Minimuffins mit Kräutern und Speck

Schwierigkeitsgrad: Leicht

Zubereitungszeit: 45 Minuten

Zutaten für vier Personen:

- 300 g Weißbrot
- 175 g Butter
- 100 g Speckwürfel
- 2 Eier
- 1 Zwiebel
- 1 halber Bund Petersilie
- Salz und Pfeffer

Zubereitung:

Schritt 1: Einen kleinen Teil der Butter zum Einfetten der Formen verwenden.

Schritt 2: Die Zwiebel schälen und fein hacken.

Schritt 3: Das Weißbrot in Würfel schneiden und

Schritt 4: Die Petersilie fein hacken.

Schritt 5: Als letzter Teil der Vorbereitung die Eier aufschlagen und verquirlen.

Schritt 6: Die Butter in einer Pfanne auf dem Herd erhitzen und darin die Zwiebel etwas andünsten lassen.

Schritt 7: In der Zwischenzeit Brot und Petersilie zu den Eiern geben und alles gut miteinander vermengen.

Schritt 8: Die Mischung aus dem Topf und den Speck hinzufügen und alles sehr gut vermengen. Nach Belieben mit Salz und Pfeffer würzen.

Schritt 9: Den Teig in die Muffinformen geben und in den auf 175° C vorgeheizten Ofen schieben. Dort 20 Minuten backen.

Schritt 10: Die Muffins etwas auskühlen lassen und vorsichtig aus der Form lösen. Dieses Rezept ist ideal für die Verwertung von Brotresten geeignet und ist zudem ein leckerer Snack für zwischendurch oder für die Arbeit.

5 süße Snacks für kleine und große Naschkatzen

Was wäre das Leben ohne eine süße Belohnung nach den Mahlzeiten oder einfach zwischendurch. Wer die hier vorgestellten Rezepte selbst probiert wird in Zukunft nie mehr vorschnell beim Angebot des Supermarktes zugreifen.

1. Quittenchips

Schwierigkeitsgrad: Mittel

Zubereitungszeit: 25 Minuten + Zeit zum Trocknen

Zutaten für vier Personen:

- 400 g Quitten
- 1 Zitrone
- Honig

Zubereitung:

Schritt 1: Die Quitten schälen, vierteln und das Kerngehäuse entfernen.

Schritt 2: Das Fruchtfleisch danach in kleine Scheiben schneiden. Diese sollten alle ungefähr die gleiche Dicke aufweisen, damit die Fruchtchips im Ofen alle zur gleichen Zeit trocknen.

Schritt 3: Die Zitrone halbieren und den Saft auspressen.

Schritt 4: Den Zitronensaft mit dem Honig zu einer Marinade verarbeiten.

Schritt 5: Die Marinade über den Quitten verteilen und sehr gut umrühren, damit die Oberflächen der Früchte komplett mit der Marinade in Kontakt gekommen sind.

Schritt 6: Ein Blech mit Backpapier auslegen und die Quittenstücke darauf einzeln verteilen.

Schritt 7: Bei 75° C die Chips langsam trocknen. Dies kann fünf Stunden oder auch länger betragen.

Schritt 8: Die Tür zwischendurch des Öfteren öffnen damit der aus den Früchten austretende Wasserdampf entweichen kann.

Schritt 9: Die fertigen Quittenchips etwas abkühlen lassen und vor dem Servieren in eine Schüssel geben.

2. Hüttenkäse mit Aprikosen und Mohn

Schwierigkeitsgrad: Leicht

Zubereitungszeit: 15 Minuten

Zutaten für vier Personen:

- 250 g Hüttenkäse
- 4 Aprikose
- 1 EL Mohn
- Honig

Zubereitung:

Schritt 1: Die Aprikosen halbieren und vorsichtig die Kerne auslösen.

Schritt 2: Das Fruchtfleisch in feine Stücke schneiden.

Schritt 3: Den Hüttenkäse mit dem Mohn vermengen.

Schritt 4: Vier Schüsseln bereitstellen und den mit Mohn gespickten Hüttenkäse darauf verteilen.

Schritt 5: Etwas Honig darauf verteilen.

Schritt 6: Die Aprikosenwürfel hinzufügen und zeitnah servieren oder im Kühlschrank lagern.

3. Popcorn mit Ahornsirup

Schwierigkeitsgrad: Leicht

Zubereitungszeit: 20 Minuten

Zutaten für vier Personen:

- 100 g Popcornmais
- Ahornsirup
- Öl

Zubereitung:

Schritt 1: Den Popcornmais etwas aussortieren. Dunkle Körner aussortieren, da diese wesentlich schlechter aufpoppen.

Schritt 2: Einen Topf mit Öl auf dem Herd erhitzen.

Schritt 3: Etwas Ahornsirup hinzufügen und kurz erwärmen lassen.

Schritt 4: Den Popcornmais hinzufügen und den Deckel sofort schließen.

Schritt 5: Empfehlenswert ist ein Topf mit Glasdeckel, damit beobachtet werden kann, wie sich das Popcorn löst.

Schritt 6: Den Topf immer wieder etwas schütteln, damit wirklich alle Maiskörner auf den Boden des Topfes gelangen.

Schritt 7: Hört das typische Ploppgeräusch langsam auf den Topf vom Herd nehmen.

Schritt 8: Das Popcorn in eine Schüssel geben und bei Bedarf zu dunkle oder nicht aufgepoppte Körner vor dem Servieren aussortieren.

Schritt 9: Wer Lust auf Farbspiele hat, kann das Popcorn mit Hilfe von stark konzentriertem Fruchtsirup auch in bunten Farben einfärben. Dies ist ein Hit bei jedem Kindergeburtstag.

4. Lieblingsschokolade mit eigenen Zutaten

Schwierigkeitsgrad: Mittel

Zubereitungszeit: 30 Minuten

Zutaten für vier Personen:

- 2 Tafeln Vollmilchschokolade
- 50 Haselnüsse ohne Schale
- 25 g Rosinen

Zubereitung:

Schritt 1: Die Haselnüsse in einer heißen Pfanne auf dem Herd anrösten. Die Pfanne hierbei immer wieder schwenken, damit die Nüsse nicht schwarz werden.

Schritt 2: Um die Nüsse zu karamellisieren etwa 100 g Zucker hinzufügen und die Nüsse darin schwenken, bis die Nüsse komplett von einer goldgelben Schicht überzogen sind.

Schritt 3: Einen Topf mit Wasser auf dem Herd erhitzen.

Schritt 4: Darin eine Schüssel stellen und die Schokolade langsam im Wasserbad schmelzen.

Schritt 5: Einen Teil der geschmolzenen Schokolade in eine Form geben und dort die Haselnüsse und Rosinen verteilen.

Schritt 6: Im Anschluss mit der übrigen Schokolade übergießen bis die ausgewählten Zutaten mit einer Schicht Schokolade bedeckt sind.

Schritt 7: Die Schokolade komplett aushärten lassen und im Anschluss sehr vorsichtig aus der Form lösen.

Schritt 8: Dieses Rezept funktioniert auch mit weißer oder Zartbitterschokolade und ist damit ideal für jeden Geschmack, da auch die weiteren Zutaten immer wieder variabel ausgewechselt werden können.

5. Selbstgemachte Fruchtgummis

Schwierigkeitsgrad: Mittel

Zubereitungszeit: 20 Minuten + Zeit zum Gelieren

Zutaten für vier Personen:

- 500 ml Fruchtsaft
- 150 g Zucker
- 125 g Gelatinepulver

Zubereitung:

Schritt 1: Einen Topf auf dem Herd bereitstellen.

Schritt 2: Darin den Fruchtsaft mit dem Zucker langsam aufkochen bis sich die Zuckerkristalle vollständig aufgelöst haben.

Schritt 3: Bei mittlerer Hitze das Gelatinepulver hinzufügen und unter Rühren so lange weiter köcheln lassen bis auch von dem Gelatinepulver keine Reste mehr zu erkennen sind.

Schritt 4: Die Mischung entweder in eine flache Schüssel oder Formen geben. Hierfür eignen sich auch Eiswürfelformen, da die fertigen Fruchtgummis sich aus den Formen leicht lösen.

Schritt 5: Über mehrere Stunden gelieren lassen.

Schritt 6: Im Anschluss kann gleich probiert werden. Dank der Vielfalt an Säften ist es ein Leichtes reichhaltige Ernten im eigenen Garten noch kreativer in süße Leckereien zu verwandeln.

5 Eisrezepte für jede Jahreszeit

Echte Eiscremefans können auch im Winter nicht auf ihre Lieblingssorte verzichten. Doch diese muss nicht aus dem Supermarkt stammen, wenn Zuhause die wohl beste Eisdiele der Welt wartet.

1. Grüner Tee Eis mit gehackten Pistazien

Schwierigkeitsgrad: Mittel

Zubereitungszeit: 20 Minuten + Zeit zum Gefrieren

Zutaten für vier Personen:

- 500 ml Milch
- 300 ml Schlagsahne
- 150 g Zucker
- 50 g Pistazienkerne
- 20 g Matepulver
- 3 Eigelb

Zubereitung:

Schritt 1: Einen Topf auf dem Herd bereitstellen und

darin die Milch aufkochen.

Schritt 2: In der Zwischenzeit die Eigelb mit dem Zucker leicht schaumig schlagen.

Schritt 3: Die warme Milch hinzufügen und alles gut vermengen.

Schritt 4: Das Matepulver hinzufügen und nochmals gut umrühren.

Schritt 5: Die Sahne hinzugeben und nochmals alles gut miteinander vermengen.

Schritt 6: Die Eismasse entweder in eine Eismaschine oder Gefrierform geben.

Schritt 7: Die Pistazienkerne hacken.

Schritt 8: Wenn das Eis beginnt zu gefrieren die gehackten Pistazien hinzufügen und gut verrühren, damit die Pistazien am Ende wirklich im gesamten Eis und nicht nur am Boden zu finden sind.

Schritt 9: Wer Lust auf Experimente hat, kann auch gesalzene Pistazien verwenden, um wirklich ein Feuerwerk an verschiedenen Geschmacksnuancen im Mund auszulösen.

2. Erdbeereis mit Buttermilch

Schwierigkeitsgrad: Leicht

Zubereitungszeit: 10 Minuten

Zutaten für vier Personen:

- 500 g gefrorene Erdbeeren
- 250 ml Buttermilch
- Agavendicksaft

Zubereitung:

Schritt 1: Die gefrorenen Erdbeeren in eine Schüssel oder den Mixer geben.

Schritt 2: Damit der Motor der Mixer oder der Mixstäbe nicht überhitzt ist es ratsam bereits beim Einfrieren frischer Früchte darauf zu achten diese zu zerkleinern, um die Arbeit mit den Geräten zu erleichtern. Zudem kann es hilfreich sein die Erdbeeren leicht antauen zu lassen, um schnellere Ergebnisse zu erhalten.

Schritt 3: Die Buttermilch und etwas Agavendicksaft hinzufügen und schon entsteht beim Mixen ein cremiges Eis, ganz ohne künstliche Zusatzstoffe.

Schritt 4: Das Buttermilcheis kann sofort verzehrt werden. Ist es einmal zu dünn geworden oder etwas zu viel, dann kann das Eis natürlich auch im Tiefkühlschrank aufbewahrt werden. Das erlaubt es das Eis etwa bei Einladungen bequem vorzubereiten, um in einer offenen Wohnküche durch das Geräusch des Mixers nicht die Unterhaltungen zu stören.

Schritt 5: Eingefrorene Früchte so zu verwenden ist zudem eine gute Möglichkeit mehr Platz im Tiefkühlfach zu schaffen, wenn das nächste Saisonobst oder Gemüse bereits in den Startlöchern steht.

3. Joghurteis mit pürierten Himbeeren

Schwierigkeitsgrad: Leicht

Zubereitungszeit: 25 Minuten + Zeit zum Gefrieren

Zutaten für vier Personen:

- 400 g Himbeeren
- 500 g Naturjoghurt
- 300 g Sahne
- 150 g Zucker
- 1 Vanilleschote

Zubereitung:

Schritt 1: Die Vanilleschote halbieren und mit einem Messer vorsichtig das Mark auskratzen.

Schritt 2: Das Vanillemark mit der Sahne und dem Zucker steifschlagen.

Schritt 3: Im Anschluss in kleinen Portionen den Joghurt in die Masse einarbeiten.

Schritt 4: Die Eismasse in eine Form oder Eismaschine geben und gefrieren lassen.

Schritt 5: Beim Gefrieren im Eisschrank das Umrühren nicht vergessen, damit das Eis cremiger wird.

Schritt 6: Vor dem Servieren die Himbeeren mit einem Mixstab pürieren.

Schritt 7: Das Himbeerpüree durch ein feines Sieb streichen, um die Kerne aufzufangen.

Schritt 8: Bei reifen Früchten gleicht sich das Verhältnis von Süße und Fruchtsäuren aus, sodass für die Fruchtsauce kein zusätzlicher Zucker erforderlich ist.

Schritt 9: Vier Schüsseln bereitstellen und darin das Eis und die Fruchtsauce mischen und zeitnah servieren.

4. Bananeneis mit gesaltenen Cashewkernen

Schwierigkeitsgrad: Leicht

Zubereitungszeit: 15 Minuten

Zutaten für vier Personen:

- 4 gefrorene Bananen
- 200 ml Sahne
- 50 g gesalzene Cashewkerne

Zubereitung:

Schritt 1: Die gesalzenen Cashewkerne in feine Stücke hacken.

Schritt 2: Die Bananen in eine Schüssel geben. Hierfür empfiehlt es sich die Bananen bereits vor dem Einfrieren in Stücke zu schneiden, um dem Mixer oder Mixstab die Arbeit zu erleichtern.

Schritt 3: Die Sahne hinzufügen und alles zu einer cremigen Masse mischen.

Schritt 4: Das Eis auf vier Schüsseln verteilen.

Schritt 5: Vor dem Servieren das Eis mit den

gehackten Cashewkernen bestreuen.

5. Kokoseis mit Ananasstückchen

Schwierigkeitsgrad: Leicht

Zubereitungszeit: 15 Minuten + Zeit zum Gefrieren

Zutaten für vier Personen:

- 1 Babyananas
- 400 ml cremige Kokosmilch
- 200 ml Buttermilch

Zubereitung:

Schritt 1: Die Schale der Babyananas mit einem Messer vorsichtig entfernen. Dunkle Stellen am Fruchtfleisch ebenfalls abschneiden.

Schritt 2: Die übrige Ananas in kleine Stücke schneiden.

Schritt 3: Die Kokosmilch mit der Buttermilch vermengen.

Schritt 4: Je nach Belieben nun zum Beispiel das Mark aus einer frischen Vanilleschote hinzufügen und ebenfalls gut vermengen.

Schritt 5: Die Masse in einer Eismaschine langsam gefrieren lassen.

Schritt 6: Die Ananasstückchen hinzufügen und gut vermengen.

Schritt 7: Auf vier Schüsseln verteilen und noch eiskalt genießen.

5 Pralinenrezepte als originelle Gastgeschenke für Einladungen

Eine Packung Pralinen aus dem Supermarkt gehört wohl zu einem der am häufigsten gewählten Gastgeschenke. Mit wenig Mühe und ganz viel Kreativität lassen sich diese süßen Köstlichkeiten auch ganz einfach in der eigenen Küche zubereiten.

1. Marzipanpralinen mit Walnüssen

Schwierigkeitsgrad: Mittel

Zubereitungszeit: 40 Minuten + Zeit zum Auskühlen

Zutaten für 20 Pralinen:

- 200 g Mandelblättchen oder Stifte
- 175 g Puderzucker
- 100 g Vollmilchschokolade oder Kuvertüre
- 50 g Walnusskerne
- Rosenwasser

Zubereitung:

Schritt 1: Die Mandeln und den Puderzucker in einem Mixer vermengen.

Schritt 2: Dieser Masse etwas Rosenwasser zum Aromatisieren hinzufügen.

Schritt 3: Die Masse mit den Händen zu kleinen Bällchen formen und kurz ruhen lassen.

Schritt 4: Einen Topf mit Wasser auf dem Herz erhitzen.

Schritt 5: Darin eine Schüssel geben und die Schokolade im Wasserbad schmelzen.

Schritt 6: Das Marzipan mit einem Löffel in die flüssige Schokolade tauchen und auch einem Stück Backpapier ablegen.

Schritt 7: Einen der Walnusskerne in die noch feuchte Schokolade drücken.

Schritt 8: Den Schokoladenüberzug komplett trocknen lassen, bevor die erste Praline probiert wird.

2. Dattelpralinen mit Pistazienfüllung

Schwierigkeitsgrad: Mittel

Zubereitungszeit: 40 Minuten + Zeit zum Auskühlen

Zutaten für 20 Pralinen:

- 16 getrocknete Datteln
- 100 g ungesalzene Pistazienkerne
- 80 g Puderzucker
- Rosenwasser
- 100 g Zartbitterschokolade

Zubereitung:

Schritt 1: In einer Schüssel die Pistazien und den Puderzucker vermengen.

Schritt 2: Die entstandene Masse mit etwas Rosenwasser aromatisieren.

Schritt 3: Die Datteln mit der Pistazienmasse füllen.

Schritt 4: Einen Topf mit Wasser auf dem Herd erhitzen.

Schritt 5: Eine Schüssel in den Topf hängen und darin die Schokolade langsam im Wasserbad zum Schmelzen bringen.

Schritt 6: Die gefüllten Datteln mit einem Löffel in die flüssige Schokolade tauchen.

Schritt 7: Ein Backpapier bereitlegen und darauf die Schokoladen trocknen lassen.

Schritt 8: Ist die Schokolade komplett getrocknet darf nach Herzenslust probiert werden.

3. Kokospralinen mit weißer Schokolade

Schwierigkeitsgrad: Mittel

Zubereitungszeit: 35 Minuten + Zeit zum Auskühlen

Zutaten für 20 Pralinen:

- 100 ml cremige Kokosmilch
- 200 g weiße Schokolade
- 150 g Kokosraspeln
- 50 g ganze Mandeln ohne Schale

Zubereitung:

Schritt 1: Die cremige Kokosmilch auf dem Herd erhitzen.

Schritt 2: Die weiße Schokolade in kleine Stücke brechen und in der warmen Kokosmilch zum Schmelzen bringen.

Schritt 3: Das Rühren nicht vergessen, damit sich beide Zutaten perfekt miteinander vermengen.

Schritt 4: Sobald die Schokolade vollständig geschmolzen ist, den Topf vom Herd nehmen und aus der

Masse die Pralinen formen.

Schritt 5: Mit den Fingern ein Loch formen und die Mandeln dort hineindrücken. Mit der Pralinenmasse im Anschluss wieder komplett verschließen.

Schritt 6: Für zwei bis drei Stunden komplett abkühlen lassen. Danach werden die Pralinen im Sommer am besten im Kühlschrank aufbewahrt.

4. Karamellisierte Mandelpralinen

Schwierigkeitsgrad: Mittel

Zubereitungszeit: 30 Minuten + Zeit zum Auskühlen

Zutaten für 20 Pralinen:

- 200 g Mandelstifte
- 150 g Zucker
- 50 ml Orangensaft
- 100 ml Vollmilchschokolade

Zubereitung:

Schritt 1: Eine Pfanne auf dem Herd bereitstellen.

Schritt 2: Darin ohne Öl zuerst die Mandelstifte leicht anrösten.

Schritt 3: Im Anschluss die Mandelstifte auf einen Teller geben und kurz beiseite stellen.

Schritt 4: Den Orangensaft in die Pfanne geben und den Zucker darin auflösen.

Schritt 5: Sobald dieser komplett geschmolzen ist die

Mandelstifte wieder hinzufügen und so lange rühren bis alle Mandeln von dem karamellisierten Zucker umschlossen sind.

Schritt 6: Auf einer nicht haftenden Oberfläche mit Hilfe von zwei Löffeln kleine Häufchen formen und diese leicht andrücken.

Schritt 7: Nun gilt es zu warten, bis das Karamell komplett getrocknet ist.

Schritt 8: In der Zwischenzeit einen Topf auf den Herd stellen.

Schritt 9: Eine Schüssel hineinstellen und die Schokolade im Wasserbad schmelzen.

Schritt 10: Die Nussberge mit der Unterseite hineintauchen und diese im Anschluss erneut trocknen lassen. Ist dies geschafft, können die Nusspralinen ungehindert probiert werden.

5. Joghurtpralinen mit fruchtiger Note

Schwierigkeitsgrad: Mittel

Zubereitungszeit: 30 + Zeit zum Abtropfen der Flüssigkeit

Zutaten für 20 Pralinen:

- 1 kg Naturjoghurt
- 1 Orange
- 1 Limette
- 100 g weiße Schokolade
- Salz

Zubereitung:

Schritt 1: Den Joghurt mit etwa einem TL Salz vermengen und auf einem Küchentuch ausbreiten.

Schritt 2: Dieses in ein Sieb geben, damit die Flüssigkeit ungehindert abfließen kann.

Schritt 3: Am nächsten Tag die entstandene Masse in einer Schüssel auffangen.

Schritt 4: Die Schale der Orange und Limette hauchdünn abreiben.

Schritt 5: Die Schalen mit der Joghurtmasse vermengen.

Schritt 6: Nun die weiße Schokolade raspeln.

Schritt 7: Die vorbereitete Joghurtmasse zu kleinen Bällchen formen und diese in den Schokoraspeln rollen.

Schritt 8: Die Pralinen entweder sofort genießen oder im Kühlschrank aufbewahren.

5 beliebte Getränke schnell selbst zubereitet

Getränke aus Pads, Kapseln und to go haben den Markt erobert und Berge an zusätzlichem Müll zurückzulassen. Günstiger und sehr oft auch leckerer ist es diese Getränke selbst zuzubereiten und die Vorteile des Thermobechers wiederzuentdecken.

1. Grüner Tee mit frischer Minze

Schwierigkeitsgrad: Leicht

Zubereitungszeit: 15 Minuten

Zutaten für vier Personen:

- 1 Liter grüner Tee
- 1 Handvoll frische Minze
- 4 braune Kandisstäbchen

Zubereitung:

Schritt 1: Den grünen Tee nach Packungsanweisung kochen.

Schritt 2: Die Minze mit den Fingern leicht andrücken.

Schritt 3: Die Minze auf vier Tassen verteilen.

Schritt 4: Diese mit dem grünen Tee aufgießen.

Schritt 5: Den Kandis hinzufügen und noch warm genießen.

Schritt 6: Wer eine fruchtige Note bevorzugt, kann den Saft einer Grapefruit verwenden und diesen anstelle der Minze dem grünen Tee hinzufügen.

2. Lavendeltee mit Zitronenmelisse

Schwierigkeitsgrad: Mittel

Zubereitungszeit: 10 Minuten + Zeit zum Trocknen

Zutaten für vier Personen:

- 50 g getrockneter Lavendel
- 1 handvoll Zitronenmelisse
- 1 Liter Wasser

Zubereitung:

Schritt 1: Die Lavendelblüten vorsichtig zupfen und in der Sonne trocknen lassen.

Schritt 2: Eine Teekanne mit separatem Teesieb bereitstellen.

Schritt 3: Die Zitronenmelisse sowie den getrockneten Lavendel in das Sieb füllen.

Schritt 4: Mit dem kochenden Wasser übergießen und für etwa 8 – 10 Minuten ziehen lassen.

Schritt 5: Auf vier Tassen verteilen und noch warm genießen.

Schritt 6: Wer mag, kann dem Tee durch etwas Sahne und Honig eine sehr feine Note verleihen, die perfekt für kühlere Jahreszeiten geeignet ist.

3. Beerenshake mit Joghurt

Schwierigkeitsgrad: Leicht

Zubereitungszeit: 15 Minuten

Zutaten für vier Personen:

- 200 g Erdbeeren
- 200 g Blaubeeren
- 150 g Joghurt
- 1 Vanilleschote
- 500 ml Milch

Zubereitung:

Schritt 1: Die Erdbeeren und Blaubeeren in einem Sieb waschen und gut abtropfen lassen.

Schritt 2: Die Stiele der Erdbeeren mit einem Messer dünn abschneiden.

Schritt 3: Die Vanilleschote halbieren und mit einem Messer vorsichtig das Mark auskratzen.

Schritt 4: Das Vanillemark gemeinsam mit den Beeren in den Mixer geben.

Schritt 5: Joghurt und Milch hinzufügen und auf höchster Stufe zu einem cremigen Shake verarbeiten.

Schritt 6: Diesen auf vier Gläser verteilen und zeitnah genießen oder im Kühlschrank lagern.

Schritt 7: Dieser Shake ist perfekt, um größere Ernten aus dem Garten schnell zu verarbeiten, wenn die Tiefkühltruhe oder auch die Vorratskammer bereits gut gefüllt sind. Die Früchte lassen sich leicht ersetzen oder auch der Joghurt gegen Buttermilch tauschen. Der Kreativität sind hier keine Grenzen gesetzt.

4. Chai Tee

Schwierigkeitsgrad: Mittel

Zubereitungszeit: 20 Minuten

Zutaten für vier Personen:

- 500 ml schwarzer Tee
- 500 ml Milch
- 1 Zimtstange
- 4 Kardamomkapseln
- 3 Nelken
- 1 TL Anis
- 1 TL Fenchelsamen

Zubereitung:

Schritt 1: Den schwarzen Tee gemeinsam mit den Gewürzen in einem kleinen Topf auf dem Herd auskochen.

Schritt 2: Nach dem kurzen Aufkochen für fünf Minuten bei mittlerer Hitze köcheln lassen.

Schritt 3: Die Milch hinzufügen und für fünf weitere

Minuten bei gleicher Temperatur köcheln lassen.

Schritt 4: Die Zimtstange entfernen.

Schritt 5: Vier Tassen bereitstellen und den Chai Tee durch ein Sieb hineinfließen lassen.

Schritt 6: Den Tee noch warm genießen, damit die Aromen der Gewürze noch besser zur Geltung kommen.

5. Melonenbowle

Schwierigkeitsgrad: Mittel

Zubereitungszeit: 25 Minuten + 1 Stunde zum Ziehen

Zutaten für vier Personen:

- 1 kleine Wassermelone
- 1 Honigmelone
- 2 Orangen
- 1 Grapefruit
- 1 Liter Mineralwasser
- 1 Flasche Sekt

Zubereitung:

Schritt 1: Die Wassermelone halbieren und mit einem kleinen runden Ausstecher Bällchen formen. Hierbei ist es wichtig eine kernarme Melone zu wählen, damit diese nicht in die Bowle geraten.

Schritt 2: Die Honigmelone halbieren und die Kerne mit einem Löffel entfernen. Im Abschluss ebenfalls runde Kugeln ausstechen.

Schritt 3: Die Orangen und Grapefruit halbieren und den Saft auspressen.

Schritt 4: Den Saft mit dem Mineralwasser und Sekt vermischen.

Schritt 5: Die Melonenkugeln hinzufügen und alles in einer Schüssel für etwa eine Stunde im Kühlschrank ziehen lassen.

Schritt 6: Nach dieser Zeit können an heißen Tagen noch Eiswürfel bereitgestellt werden, damit die Bowle immer gut gekühlt genossen werden kann.

5 coole Limonaden für heiße Tage

Limonaden genießen aktuell zu Unrecht einen Ruf als zuckerhaltige Kalorienbomben und Dickmacher. Wer die Limo aus dem Supermarkt links liegen lässt, kann das eigene Lieblingsgetränk Zuhause sehr viel gesünder einfach selbst machen.

1. Orangenlimonade mit Basilikum

Schwierigkeitsgrad: Leicht

Zubereitungszeit: 15 Minuten + 1 Stunde Zeit zum Ziehen

Zutaten für vier Personen:

- 4 Orangen
- 1 Handvoll Basilikum
- 1 Liter Mineralwasser
- Agavendicksaft

Zubereitung:

Schritt 1: Die Orangen halbieren und den Saft auspressen.

Schritt 2: Den Basilikum hacken und mit dem Orangensaft vermengen.

Schritt 3: Die Mischung mit dem Mineralwasser auffüllen und gut umrühren.

Schritt 4: Für eine Stunde im Kühlschrank ziehen lassen.

Schritt 5: Die Limonade auf vier Gläser verteilen und je nach Geschmack mit Agavendicksaft süßen.

Schritt 6: An heißen Tagen zwei weitere Orangen auspressen und den Saft in Eiswürfelbehältern einfrieren. Der fruchtige Geschmack der Limonade wird mit diesen Eiswürfeln sogar noch intensiver.

2. Limettenlimonade mit frischer Minze

Schwierigkeitsgrad: Leicht

Zubereitungszeit: 20 Minuten

Zutaten für vier Personen:

- 4 Limetten
- Einige Blättchen frische Minze
- 600 ml Mineralwasser
- 150 g brauner Rohrzucker
- Eiswüfel

Zubereitung:

Schritt 1: Die Limetten halbieren und den Saft auspressen.

Schritt 2: Den braunen Rohrzucker im Mixer oder mit einem Stößel zerkleinern.

Schritt 3: Zucker und Limettensaft vermischen und so lange rühren bis sich der Zucker aufgelöst hat.

Schritt 4: Mit dem Mineralwasser auffüllen und die Minze hinzufügen.

Schritt 5: Alles gut umrühren und kurz ziehen lassen.

Schritt 6: Die vier Gläser mit Eiswürfeln füllen und die Limonade darauf verteilen.

Schritt 7: Zeitnah genießen, damit der frische Geschmack der Limetten nicht durch die schmelzenden Eiswürfel verloren geht. Wer das umgehen möchte, findet im Handel wiederverwendbare LED Eiswürfel, welche ebenfalls kühlen, sich in den Getränken aber nicht auflösen.

3. Gurkenlimonade

Schwierigkeitsgrad: Leicht

Zubereitungszeit: 10 Minuten + 1 Stunde zum Kaltstellen

Zutaten für vier Personen:

- 1 Salatgurke
- 1 Zitrone in Bioqualität
- 175 g Zucker
- 600 ml Mineralwasser

Zubereitung:

Schritt 1: Die Salatgurke schälen und halbieren.

Schritt 2: Mit einem Löffel vorsichtig die Kerne aus der Mitte herauskratzen.

Schritt 3: Das Fruchtfleisch danach in kleinere Stücke schneiden.

Schritt 4: Die Gurkenstücke in einem Mixer fein pürieren.

Schritt 5: Den Zucker hinzufügen und so lange mixen bis keine Zuckerkristalle mehr zu sehen sind.

Schritt 6: Die Mischung in eine verschließbare Kanne geben und für etwa eine Stunde in den Kühlschrank stellen.

Schritt 7: Die Ende der Zitrone abschneiden und den Rest in dünne Scheiben schneiden.

Schritt 8: Die Zitronenscheiben etwa nach einer halben Stunde hinzufügen und gut umrühren.

Schritt 9: Die Limonade auf vier Gläser verteilen und noch gekühlt genießen.

4. Ingwerlimonade mit Honig

Schwierigkeitsgrad: Leicht

Zubereitungszeit: 15 Minuten + 2 Stunden zum Ziehen

Zutaten für vier Personen:

- 150 g Ingwerwurzel
- 800 ml Mineralwasser
- Honig

Zubereitung:

Schritt 1: Die Ingwerwurzel schälen und die Wurzel danach sehr fein zerkleinern. Alternativ kann die Ingwerwurzel auch in sehr feine Scheiben geschnitten werden.

Schritt 2: Die zerkleinerte Ingwerwurzel in einer Karaffe mit dem Mineralwasser übergießen und im Kühlschrank für zwei Stunden ziehen lassen.

Schritt 3: Nach dieser Zeit die Limonade durch ein Sieb filtern, um die Ingwerstückchen aufzufangen.

Schritt 4: Den Boden von vier Gläsern mit Honig bedecken.

Schritt 5: Die Limonade darauf verteilen und noch gekühlt genießen.

5. Holunderlimonade mit Beereneiswürfeln

Schwierigkeitsgrad: Leicht

Zubereitungszeit: 20 Minuten + 2 Stunden zum Ziehen

Zutaten für vier Personen:

- 2 Handvoll frischer Holunderblüten
- 50 g Himbeeren
- 50 g Brombeeren
- 200 g Zucker
- 1 Liter Mineralwasser

Zubereitung:

Schritt 1: Den Zucker im Mixer oder mit einem Mörser zerkleinern.

Schritt 2: Die Beeren in eine Eiswürfelform geben und mit Wasser auffüllen.

Schritt 3: In den Tiefkühlschrank geben und dort vollständig gefrieren lassen.

Schritt 4: Den Zucker und die Holunderblüten in

eine Karaffe füllen.

Schritt 5: Das Mineralwasser hinzufügen und im Kühlschrank für zwei Stunden ziehen lassen.

Schritt 6: Die Holunderblüten aus der Limonade entfernen.

Schritt 7: Die Eiswürfel auf die vier Gläser aufteilen und mit der Limonade auffüllen.

Schritt 8: Vor dem Trinken ruhig etwas warten, damit die Beeren langsam aus der Eisschicht zum Vorschein treten.

5 Smoothies aus dem eigenen Garten

Wer einen Smoothie kauft erwartet darin nicht eine Vielzahl von Zucker und Zusatzstoffen vorzufinden. Um den natürlichen Geschmack von Obst und Gemüse aus dem Garten kennenzulernen bieten die fünf ausgewählten Smoothierezepte die passende Basis.

1. Brombeer-Blaubeer Smoothie

Schwierigkeitsgrad: Leicht

Zubereitungszeit: 10 Minuten

Zutaten für vier Personen:

- 400 g Brombeeren
- 400 g Blaubeeren
- 4 Äpfel

Zubereitung:

Schritt 1: Die Brombeeren und Blaubeeren in einem Sieb unter laufendem Wasser waschen. Danach gut abtropfen lassen.

Schritt 2: In der Zwischenzeit die Äpfel vierteln und das Kerngehäuse entfernen.

Schritt 3: Wie geviertelten Äpfel jetzt noch weiter grob zerkleinern, um das mixen zu erleichtern.

Schritt 4: Alle vorbereiteten Zutaten in einen Smoothiemixer geben und dort auf höchster Stufe zu einem cremigen Smoothie vermengen.

Schritt 5: Den Brombeer-Blaubeer Smoothie auf vier Gläser verteilen und zeitnah servieren.

Tipp:

Wer diesen Smoothie in einen leckeren Shake verwandeln möchte, fügt einfach anstelle der Äpfel Milch ein und schon entsteht ein leckerer Milchshake mit frischen Beeren aus dem eigenen Garten.

2. Birnen-Feldsalat Smoothie

Schwierigkeitsgrad: Leicht

Zubereitungszeit: 10 Minuten

Zutaten für vier Personen:

- 4 Birnen
- 500 g Feldsalat
- 1 Salatgurke

Zubereitung:

Schritt 1: Den Feldsalat in einer Schüssel unter fließendem Wasser waschen. Im Anschluss gut abtropfen lassen.

Schritt 2: In der Zwischenzeit die Birnen vierteln und das Kerngehäuse entfernen.

Schritt 3: Die Birnenviertel im Anschluss noch einmal grob zerkleinern, um das Mixen zu erleichtern.

Schritt 4: Die Salatgurke in kleine Scheiben schneiden.

Schritt 5: Die vorbereiteten Zutaten in den Smoothiemixer geben und dort auf höchster Stufe sehr fein zerkleinern.

Schritt 6: Den Smoothie auf vier Gläser verteilen und zeitnah genießen.

3. Erdbeer-Stachelbeeren Smoothie

Schwierigkeitsgrad: Leicht

Zubereitungszeit: 10 Minuten

Zutaten für vier Personen:

- 500 g Erdbeeren
- 250 g rote Stachelbeeren
- 3 Äpfel
- 200 ml Mineralwasser

Zubereitung:

Schritt 1: Die roten Stachelbeeren in ein Sieb geben und dort unter laufendem Wasser abspülen. Im Anschluss gut abtropfen lassen.

Schritt 2: Für einen Smoothie ist es eigentlich nicht erforderlich die roten Blätter der Erdbeeren und weißen Stellen zu entfernen. Wer seinen Smoothie lieber etwas süßer mag, sollte die Erdbeeren zuerst waschen und danach die oberen Ende mit einem Messer dünn abschneiden.

Schritt 3: Die Äpfel vierteln und das Kerngehäuse

entfernen.

Schritt 4: Die geviertelten Äpfel im Anschluss noch einmal grob zerkleinern, um das Mixen zu erleichtern.

Schritt 5: Die roten Stachelbeeren, Erdbeeren und Äpfel in einen Smoothiemixer geben und dort auf höchster Stufe zu einem leckeren Smoothie mixen.

Schritt 6: Das Mineralwasser hinzufügen und nochmal für wenige Sekunden im Mixer mischen.

Schritt 7: Den Smoothie auf vier Gläser verteilen und zeitnah trinken, um in den Genuss aller Vitamine und Nährstoffe zu gelangen.

4. Brokkoli-Nektarinen Smoothie

Schwierigkeitsgrad: Leicht

Zubereitungszeit: 15 Minuten

Zutaten für vier Personen:

- 500 g Brokkoli
- 4 Nektarinen
- 2 Äpfel

Zubereitung:

Schritt 1: Den Brokkoli in kleine Röschen schneiden.

Schritt 2: Die Nektarinen halbieren und vorsichtig den Kern auslösen.

Schritt 3: Das Fruchtfleisch im Anschluss noch einmal vierteln.

Schritt 4: Die Äpfel vierteln und das Kerngehäuse entfernen.

Schritt 5: Nun die geviertelten Äpfel ebenfalls grob zerkleinern, um das feine Mixen zu erleichtern.

Schritt 6: Die vorbereiteten Zutaten in den Smoothiemixer geben und auf höchster Stufe zu einem feinen Smoothie vermischen.

Schritt 7: Den Smoothie auf vier Gläser verteilen und zeitnah genießen.

5. Kirsch-Aprikosen Smoothie mit Fenchel

Schwierigkeitsgrad: Leicht

Zubereitungszeit: 15 Minuten

Zutaten für vier Personen:

- 500 g Kirschen
- 4 Aprikosen
- 1 Fenchelknolle
- 200 m Mineralwasser

Zubereitung:

Schritt 1: Die Kirschen in einem Sieb waschen und im Anschluss abtropfen lassen.

Schritt 2: Nun die Kirschen entkernen und die Kirschhälften in eine Schüssel geben.

Schritt 3: Die Aprikosen halbieren und die Kerne sanft auslösen.

Schritt 4: Das Fruchtfleisch der Aprikosen nochmals vierteln und zu den Kirschen geben.

Schritt 5: Die Enden der Fenchelknolle dünn abschneiden und die übrige Knolle in Scheiben schneiden.

Schritt 6: Die vorbereiteten Kirschen, Aprikosen sowie die Fenchelknolle in den Smoothiemixer füllen und auf höchster Stufe fein zerkleinern.

Schritt 7: Das Mineralwasser hinzufügen und nochmals für wenige Sekunden vermischen.

Schritt 8: Den fertigen Smoothie auf vier Gläser verteilen und zeitnah genießen.

5 Liköre, die auch Gäste begeistern werden

Einen selbst gemachten Likör nach einem Essen angeboten zu bekommen gehörte früher bei Einladungen zur Normalität. Diese folgenden fünf Rezepte machen es zu einem Kinderspiel diese Fähigkeit wiederzuentdecken.

1. Pfirsichlikör mit feiner Vanillenote

Schwierigkeitsgrad: Mittel

Zubereitungszeit: 6 Wochen

Zutaten für eine Flasche mit 1 Liter Inhalt:

- 6 reife Pfirsiche
- 1 Liter Wodka
- 200 g Zucker
- 2 Vanilleschoten

Zubereitung:

Schritt 1: Die Pfirsiche halbieren und die Kerne vorsichtig entfernen.

Schritt 2: Die Pfirsichhälften in ein Gefäß geben und mit einem Kartoffelstampfer mehrfach andrücken bis der Saft austritt und das Fruchtfleisch ein wenig an Kompott erinnert.

Schritt 3: Die Vanilleschoten halbieren und mit einem Messer das Mark auslösen. Das Vanillemark und die Schoten zu den zerkleinerten Pfirsichen hinzufügen.

Schritt 4: Die Mischung mit dem Zucker bestreuen.

Schritt 5: Das Gefäß mit dem Wodka auffüllen und abgedeckt an einen sonnigen Ort stellen.

Schritt 6: Für mindestens 6 Wochen stehen lassen.

Schritt 7: Zwischendurch leicht schütteln damit sich der Zucker wirklich komplett auflöst.

Schritt 8: Die Flüssigkeit über ein feines Sieb in die Flasche füllen, sodass wirklich nur der Likör in die Flasche gelangt.

Schritt 9: Die übrigen Pfirsiche können zum Beispiel mit Fruchtkompott gemischt oder auf eine Kugel Vanilleeis gegeben werden. So lassen sich Abfälle vermeiden, da durch den entstandenen Alkohol die Pfirsiche selbst nach Wochen noch genießbar sind.

2. Haselnusslikör

Schwierigkeitsgrad: Leicht

Zubereitungszeit: 6 Wochen

Zutaten für eine Flasche mit 1 Liter Inhalt:

- 300 g frische Haselnüsse
- 150 g Zucker
- 1 Liter Wodka

Zubereitung:

Schritt 1: Die frischen Haselnüsse schälen.

Schritt 2: Eine Pfanne auf dem Herd bereitstellen und darin die Haselnüsse kurz anröste bis sich die Schale langsam anfängt zu lösen.

Schritt 3: Den Zucker hinzufügen und alles karamellisieren lassen.

Schritt 4: Der geschmolzene Zucker sollte sich wie eine goldbraune Schicht um die Nüsse legen, jedoch nicht zu dunkel oder sogar schwarz sein.

Schritt 5: Die karamellisierten Haselnüsse in ein Gefäß füllen und den Wodka darüber verteilen.

Schritt 6: Für mindestens sechs Wochen zugedeckt an einem sonnigen Ort stehenlassen.

Schritt 7: In den Zwischenzeit öfter leicht schütteln, damit sich die Aromen besser verteilen und der Zucker sich komplett auflöst.

Schritt 8: Mithilfe eines Siebs den Likör in eine Flasche füllen und gut verschließen.

3. Kaffeelikör mit feiner Zimtnote

Schwierigkeitsgrad: Mittel

Zubereitungszeit: 4 Wochen

Zutaten für eine Flasche mit 1 Liter Inhalt:

- 750 ml Wodka
- 250 ml Kaffee
- 250 g Zucker
- 1 Zimtstange

Zubereitung:

Schritt 1: Den Kaffee frisch zubereiten und noch warm in ein Gefäß füllen.

Schritt 2: Den Zucker hinzufügen und gut umrühren damit sich dieser bereits anfängt zu lösen.

Schritt 3: Die Zimtstange hinzufügen.

Schritt 4: Den Wodka hinzufügen, das Gefäß abdecken und für vier Wochen an einem sonnigen Ort stehenlassen.

Schritt 5: In der Zwischenzeit mehrmals pro Woche leicht schütteln, damit sich der Zucker auflöst.

Schritt 6: Die Zimtstange entfernen und über ein Sieb in die Flasche füllen. Der Kaffeelikör kann ab diesem Zeitpunkt sofort probiert werden.

4. Waldmeisterlikör

Schwierigkeitsgrad: Mittel

Zubereitungszeit: 4 Wochen

Zutaten für eine Flasche mit 1 Liter Inhalt:

- 200 g frischer Waldmeister
- 250 g brauner Rohrzucker
- 1 Liter Cognac

Zubereitung:

Schritt 1: Den frischen Waldmeister waschen und welke Blätter bei Bedarf aussortieren.

Schritt 2: Wer ein intensiveres Waldmeisteraroma bevorzugt kann den Waldmeister ebenfalls fein hacken.

Schritt 3: Den frischen Waldmeister in ein Gefäß füllen und mit dem braunen Zucker bestreuen.

Schritt 4: Die Mischung mit dem Rohrzucker auffüllen und zugedeckt an einen sonnigen Ort für vier Wochen stehen lassen.

Schritt 5: In der Zwischenzeit immer wieder leicht schütteln, damit sich die Zuckerkristalle langsam auflösen.

Schritt 6: Mithilfe eines Siebs den Likör vom Waldmeister trennen.

Schritt 7: Den Likör danach an einen dunklen Ort stellen, um die Haltbarkeit zu erhöhen.

5. Erdbeerlikör mit Holunderblüten

Schwierigkeitsgrad: Mittel

Zubereitungszeit: 4 Wochen

Zutaten für eine Flasche mit 1 Liter Inhalt:

- 400 g Erdbeeren
- 200 g brauner Rohrzucker
- 2 Handvoll frischen Holunderblüten
- 750 ml Wodka

Zubereitung:

Schritt 1: Die Erdbeeren waschen und die grünen Stiele dünn abschneiden.

Schritt 2: Die vorbereiteten Erdbeeren in ein Gefäß geben und mit einem Kartoffelstampfer mehrmals fest andrücken.

Schritt 3: Die Stiele der Holunderblüten etwas zerkleinern und ebenfalls zu den Erdbeeren hinzufügen.

Schritt 4: Erdbeeren und Holunder mit dem braunen Zucker bestreuen.

Schritt 5: Den Wodka hinzufügen und das Gefäß abdecken.

Schritt 6: Für vier Wochen an einem sonnigen Ort abstellen.

Schritt 7: In diesem Zeitraum des Öfteren das Gefäß leicht schütteln, damit sich die Zuckerkristalle besser auflösen.

Schritt 8: Nach den sechs Wochen mit einem feinen Sieb den Likör ausfiltern.

Schritt 9: Danach verschließen und an einem dunklen Ort lagern, um die Haltbarkeit zu erhöhen.

Lightning Source UK Ltd.
Milton Keynes UK
UKHW050814231122
412610UK00024B/129